Golden Booklet of the True Christian Life

基督徒的生活

［法］约翰·加尔文 著
钱曜诚 等译 孙毅 选编

Simplified Chinese Copyright © 2011 by SDX Joint Publishing Company All Rights Reserved.
本作品中文版权由生活·读书·新知三联书店所有。
未经许可，不得翻印。

图书在版编目（CIP）数据

基督徒的生活／（法）加尔文著；钱曜诚等译. ——北京：生活·读书·新知三联书店，2011.11（2024.10 重印）
ISBN 978 - 7 - 108 - 03847 - 0

Ⅰ.①基… Ⅱ.①加… ②钱… Ⅲ.①基督教－教义－研究　Ⅳ.①B972

中国版本图书馆 CIP 数据核字（2011）第 215266 号

本书译文使用获得加尔文出版社的授权许可

责任编辑	张艳华
装帧设计	罗　洪
责任印制	董　欢

出版发行　生活·讀書·新知三联书店
　　　　　（北京市东城区美术馆东街 22 号）
邮　　编　100010
网　　址　www.sdxjpc.com
经　　销　新华书店
印　　刷　北京隆昌伟业印刷有限公司
版　　次　2011 年 11 月北京第 1 版
　　　　　2024 年 10 月北京第 13 次印刷
开　　本　635 毫米 × 965 毫米　1/16　印张 13.75
字　　数　164 千字
印　　数　42,001 - 45,000 册
定　　价　38.00 元

目 录

1/编者导言　　孙　毅

15/第一章　信心的性质

57/第二章　信心中的悔改

87/第三章　基督徒生活之总则

93/第四章　自我否定

106/第五章　背十字架

118/第六章　对永世的默想

126/第七章　今世生活的原则

132/第八章　因信称义的定义

141/第九章　确信在神面前白白称义

151/第十章　祷告的操练

216/后记

编者导言

孙 毅

一

为什么要把在《基督教要义》(以下简称《要义》)第三卷中讨论的"基督徒的生活"这个部分单独拿出来？主要的原因有两个：其一，这个论基督徒生活的部分，即《要义》第三卷第六至第十章（也有指第六至第八章），在历史上常被称为"金书"，被认为是加尔文《要义》这本书中非常重要且极具影响的部分。在这个部分中，加尔文讨论了基督徒生活的基本特征或原则，其内容有相对的独立性，因此常被作为单行本拿来出版；其二，阅读并了解这个部分，可以纠正人们对加尔文及其《要义》的某种误解。以往，大陆读者或者把加尔文理解为一个思想的专制者，或者将他看作是一个抽象的理论家；同时把《要义》单纯地当作一本系统神学的教科书。而在这本书中，我们可以看到一个与上述印象完全不同的加尔文。在这个部分中，我们会较少地看到他与对手的论战，而更多地看到他从自己内心中流露出来的宗教敬虔。另外，虽然加尔文的《要义》对于系统神学的发展起了很大的作用，但这本书并非我们今天意义上的系统神学教科书。按照加尔文写作《要义》的用意，它是一本指引敬虔之人如何去过一个敬虔生活的指导书；是指引信徒如何去阅读和理解圣经的指导书。总之，它是与一个想要真心寻求过敬虔生活之人的实际生活有着密切关系的书。

如果我们稍加留意就会发现，"基督徒的生活"这个部分（金书），在《要义》第三卷中被放在论信心（第二章）、悔改（第三至第五章），以及因信称义（第十一至第十八章）、基督徒的自由（第十九章）这两组主题之间。我们相信，作为加尔文一生都在不断修订的书，他不会是随意地把这个主题放在这里的，他将其放在这个位置一定有他的考虑。如果要按今天的系统神学的体系，人们会把"基督徒的生活"作为称义后的成圣过程来理解，因此会放在称义这个主题之后的位置。为什么加尔文会把这部分放在悔改与称义之间来讨论？换言之，为什么他会在讨论因信称义前来专门地讨论基督徒的生活？

今天，人们可能会比较简单地理解改教家们所说的因信称义的思想。主要原因是，人们更多地按照现代知识论方面的意思去理解"信"这个字。因此，人们会比较狭义地理解《罗马书》中所说的"人心里相信，就可以称义；口里承认，就可以得救"（罗10：10），即将其简单地理解为：只要心里相信、口里承认，就会得救；好像一个人不需要经过什么悔改，也还不知道什么叫悔改，只要心里认为自己已经相信了耶稣是基督（可能还分不出是头脑或是心里相信），就认为自己已经得救了。这样，就如朋霍费尔所说的，把基督在十字架上的恩典变成了一个廉价的恩典。

但在加尔文这里，信所结出的果子首先是悔改。悔改意味着人生的一个根本转向，其中既有这个人对自己的痛悔与绝望，也有从上帝所赐信心中来的圣灵的安慰。每一个有此经历的人都不会把这个过程看成一个轻松的过程，就如某种浪漫主义色彩的表达：人生的一次华丽转身，是一个在痛苦中挣扎到死去活来的过程。用一个比喻，就如一个人站在悬崖边的一块松动的石头上，他已经开始意识到，他的生命迟早会随着这块石头一同坠入到望不见底的深渊中。他只有两个选择，或者随着这块石头一同掉下去；或者抓住从上面垂下来的那根藤条。而后一个选择并不只是手抓住藤条就算完了。悔改所表达的意思是：这个人是否愿意做出一个决定，在他还有足够的力量抓住藤条之际，蹬掉脚下的那块石头，把自己的整个生命交在这根藤条上，由它把自己荡到对面那个更为坚实的磐石上。只有经历焦虑与挣扎后还愿意做出这个决定的人，内心中知道"心里相信"意味着什么。这样的信就不是头脑中的信，而是从心里出来的信。因信称义就是指这种信。

因此，基督徒的生活是一个以悔改为起点的生活，是一种"悔改的生活"。当然，这种生活也是人们称义后所过的成圣的生活。悔改对一个基督徒来说是一生的，而不是一次性的，或一劳永逸的。因为这个重要关系，所以本书把加尔文《要义》第三卷中关于信心和悔改的两章内容也收录在内。

二

在本书第三章第一节，加尔文在阐明他写这个部分的主要意图时这样说道："我只要阐明敬虔的人如何被指导过一个正直的有秩序的生活，为此我想简要地立定一个普遍的准则，使信徒能用来鉴察自己的责任，这样就足够了。"在这个意义上，基督徒生活总的特征就是敬虔，或者以一颗敬虔的心去过一个圣洁的生活。因此，对于敬虔的理解就十分重要。在当时的拉丁语境下，Religion 既可以理解为我们今天意义上的"宗教"，但在更直接的意义上，也可以理解为"敬虔"。

有时人们会过于狭隘地理解敬虔，以为敬虔主要体现于基督徒在内室的祷告多么火热；对圣经多么熟悉；在教会中的服侍多么殷勤。总而言之，人们主要从宗教活动方面来理解敬虔。当然，这是敬虔的重要方面，但如果我们对敬虔的理解中包含有通常之圣俗两元分别，那么，这种理解相对于宗教改革家们的理解，就显得狭隘了。20世纪一二十年代中国本土教会出现时，主要受到敬虔派与灵恩派的影响。由于这些神学观念的影响，传统的中国信徒都倾向于从"内在属灵的"角度来理解敬虔，即把敬虔与内在生命的光景紧密地联系起来。

但加尔文理解的"敬虔"，不只是指一种内心的火热，而同时表现为一种敬虔的、建立在圣经教导之基础上的生活方式。加尔文式的敬虔，从内在角度看，其主要体现为内心对上帝及其圣言的敬畏；从外显角度看，其表现为一个可见的日常生活方式。因此，一个敬虔之人的生活既有内里心思意念的更新，也表现于外在义的生活行为上。在本书第三章第二节，加尔文直接强调这爱义与行义两个方面都出于上帝，"首先是神要我们爱义，虽然这不是我们与生俱来的倾向，神却能赐给我们，并将之刻在我们的心中；其次，神给我们立定行义的准则，免得我们在行义的热忱中偏离真道。"

追求过一种圣洁有秩序的生活方式，在加尔文看来，其基本的动机不是想靠圣洁生活与基督联合，不是想靠着自己的善行去赚取在上帝面前的义，甚至是想求得他的喜悦；如果是出于这个动机，那么这种生活就是一种律法主义支配下的生活。人们常使用"律法主义"这个词，其实就只能从上述含义来理解这个词的意思。

一个基督徒能够过圣洁有秩序的生活，在加尔文看来，乃是因为他已经被基督所洁净，与基督的联合正以此圣洁为基础。因此，基督徒生活的基本动机是，过一个配与他联合的生活，使人们的生活与自己所蒙的恩相称。从福音书中可以看到，不是彼得努力做了什么使耶稣上到他的船，乃是耶稣先上到彼得的船；当彼得顺服地照着他的吩咐做了之后，彼得受到祝福；而当彼得认识到他是谁之后，才说：离开我，我是一个罪人。

既然追求敬虔生活的动机是出于感恩，出于要过一个与所蒙的恩相称的生活，目的是为了印证自己已经成为上帝的儿女，那么过这种生活最基本的样式就是效法基督。如加尔文所说，上帝使基督徒得儿子名分唯一所附带的条件是：他们的生活要效法基督的样式。因为唯有在上帝的独生子耶稣基督的身上，才最好地彰显出合上帝心意的生活是什么样式的生活。

在加尔文看来，这种生活方式是可以操练的，即在真道的基础上，落实在每天的日常生活中，并且显明在生活的每一个方面。在今天看来，这种操练是为了让生命有所改变，更接近耶稣基督的样式；免得人们只是有过高过多的属灵知识，只懂得评论或批评他人，而自己却什么事也做不了，这是当代知识时代的人的基本特征。

传统的敬虔派在讲生命的操练时，确实同时讲内在属灵生命与外显的生活，这两个方面是不可分离的。但一种被误导的敬虔派传统，似乎只是强调个人内在的操练；一到日常生活的层面，就以是否有圣灵的感动来做自己的依托。从加尔文的角度看，尽管基督徒在日常生活中的行事，从最终的意义上看，是要看圣灵的引导；但在人还不是那么明白圣灵的引导的情况下，照着上帝的话语来指导自己在日常生活中的操练，就成为十分必要的。这意味着，在日常生活中的某些处境下，即使内心没有意识到圣灵的感动，而且可能很是挣扎和不情愿，但若是上帝的话语要人去那么做，他们还是应该照着圣经的教导去操练。

在加尔文看来，人生命的转变是一生的事情，要落实到每天日常生活的操练之中。因此，人生就是一个走向天国的旅程。人们既不应当懒惰，以至生命没有什么转变；也不应当对自己失望，似乎看不到生命中的变化，"我们每一个人都当在神的真道上不停息地努力前进。我们不可因自己缓慢的速度感到绝望，因为即使我们的进度与所盼望的不同，但只要今天比昨天更进步，我们就不至于一无所得。"（本书第三章第五节）

在这样一个基本动机的推动下，加尔文从三个方面描绘了基督徒生活方式的基本特征：自我否定、背负十架以及默想永世。自我否定构成基督徒生活方式的基本出发点；背负十架成为基本操练；而默想永世则成为基督徒奔走天路的基本方向。

三

首先，加尔文区别了自我否定中的两个关键步骤，这可能是人们以往不太注意的。

第一个步骤就是人要离弃自己，为要使自己能用一切的才能服侍上帝。在加尔文看来，这种离弃是哲学家们所不能理解的。哲学家对人生的讨论涉及不到这个部分,因为这在他们的视野之外。只有根据圣经而来的基督教哲学才涉及人这方面的真理。从这里所用的基督教哲学(本书第四章第一节)这个词可以看到加尔文过去所受的人文学科的训练。这里,基督教哲学的意思是指基督教信仰中的人生道理或智慧,这样的人生道理是来源自圣经的。回到离弃自己这个生命的基本道理,其实就是基督所说的,凡是要保全自己生命的就会失去生命,凡是失去自己生命的就得到了生命。

注意加尔文所强调的自我否定的第一点,一个人在这里不是否定自己要不要做这事,或者要不要做那事。这个层面是次要的,那已经是第二个步骤了,那里才涉及个人在某事上如何寻求上帝的心意,该不该做这事或那事等。而第一步就是否定人整个的自己,就是整个生命、整个的你。这就是刚才打的比方,就是这个人站的这块石头松动了,他要不要把它踢开,好抓住手上的这个东西,荡过去就可以站在一个更坚实的地方。当然,这不是一个容易做的决定。其中可能产生的焦虑在于:如果把这石头踹下去的话,"我"站在哪里呢?它是整个生命的支点,踹掉它就意味着整个的你、整个你的生命、整个你的生活需要被否定。一般来说,如果人们不抓住另外一个东西的话,是不可能让自己悬空的;所以对这个人的信心就是,"我"抓住的这个东西是牢靠的,可以成为生命的新支点。

按传统基督教神学的解释,这是一种身份或主权意义上的彻底的转变。即便一个人称义的时候没有那么深切的经历,但客观上这个人的旧人已经死了。主观上人们是随后才经历到这种变化的,可能是在其受洗之后一年、两年才慢慢经历到里面的死。这一点像是一个人从其内在经历到"出家",他给自己的过去画了一个句号。过去所有的理想、梦想,都终止了,生活是一个新的开始。按圣经上说,在基督里成为一个新造的人，这就是加尔文所说的第一个步骤。

只有完成了第一个步骤的人，第二个步骤才对他有意义，即不再寻求自己的事情，而是做合上帝旨意的事情。这个步骤所侧重的要点是人学习将所做的一切事情、计划交在上帝的手中；学习交托。如果已经经历到第一个步骤，经历到与世界的分别，就有可能从另一个角度重新进入到这个世界，即明白上帝对他在某个岗位上的呼召，从而操练在某些具体的行业与事项上去跟随与荣耀基督。这样，以后在世界中所做的事情才可能从根本上被算在基督的名下。

加尔文不只是说明了自我否定的含义，同时也从两个层面或角度说明了认识及操练自我否定的方式。

首先，人们可以借着与他人的关系来认识并操练自我否定。在加尔文看来，圣经要人们爱邻人，如果人没有经历过自我否定的话，他不可能行出这个命令。在人与他人的关系中，自己下意识表现出的、无法克服的问题就是骄傲。人自己会下意识地认为自己比其他人要强，这是人骨子里无法抹去的。一个人就是在别人面前说话再谦虚，再有意地把自己放低、放低再放低，但是心里面仍然认为自己比别人强。加尔文认为这是人所有罪中最重要的一个罪，造成人和其他人交往的障碍，也是拦阻一个人去实践"爱你的邻人"的最大的问题。人们如何克服这种骄傲，做到看他人比自己强，然后真正地爱他人呢？问题就在于是否经历到了自己的死，经历到了对自己的绝望，经历到了重生；如果经历到了，这个人就一定会经历到他人比自己强，那个时候爱他人才有可能。

其次，操练的第二方面是基督徒和上帝的关系。如果没有经历自己的死，人们总是会下意识地向上帝祈求自己所愿意的东西；一旦人们经历了那些自己不愿意的东西，人们肯定会抱怨。在这里加尔文强调，人必须经历到自己的死，才能和神有一个合适的关系。在这方面，加尔文认为人常遇到的一个试探就是：人们非常害怕并厌恶贫穷与卑微的生活处境。因此，人们常下意识地把求财富和荣誉当作上帝祝福的标志。当然，人们内心一定会为自己追求成功找到很好的理由。如果一个人确实经历到自身的死，那么这些理由可能是上帝的托付；但如果他还没有经历到自己的死，这些都可能不过是借口，都是为了追求自己的富足、自己被其他人承认。在加尔文看来，这就是人的本性。人们最恨恶的是贫穷，最恨恶的是不被他人承认，所以，人们在上帝面前所求的往往都是这样。人们只有在神的面前经历到死，才可以平安、甘心乐意地去接受上帝为他们所安排的每一种处境，即便是贫穷，即便是不被别人承认、众叛亲离，他们都乐意去接受，而这样的关系取决于对自我否定的操练。

四

按照加尔文的意思，"背负十架"是基督徒必须面对的一个功课，是一生的操练。按一种通常的理论，一个人在称义后，首先发生客观上地位的变化，即圣经上所说的重生；然后是主观上的经历。但是从加尔文这里的讲法来看，他主要是从主观经历方面来讲自我否定，这样，自我否定就不是一次性的、一劳永逸的，而是一个过程。这个过程需要人们逐渐明确，并借着操练能够更加确定。所以自我否定发展到后面，主要是借着背负十架来操练。敬虔的人想有更高的追求，即成为基督的门徒，那么，上帝会借着苦难来操练他们。

背负十架在多数情况下是基督徒会遭遇到其不想遭遇到的苦难，就是说他们不得不去背负这十字架，不一定是主观选择要去经历这些苦难。这些苦难有些是来自环境、外在逼迫。加尔文认为上帝是要借着苦难来操练凡愿意跟随他的门徒。但为什么一定要用苦难来操练门徒呢？最主要的原因在于，这是基督的生活样式，耶稣基督的生命就是这样。他来到这里的目的就是要甘心地顺服圣父的旨意，为人们背负十架。因此，凡为圣父所收养并被视为配与他联合的基督徒，都当预备遭受苦难。人们从苦难中得到的安慰在于与基督的苦难有分，就与他的荣耀有分；与他的死有分，就与他的复活有分。

　　十字架的苦难对人们的意义还在于它可以勒住人们心里傲慢的本性，操练人们的顺服和忍耐。换句话说，按照人自己的本性，人不可能凭着自己来活出顺服、忍耐。按照加尔文的说法，即便是世界上最敬虔的人，如果没有经历十字架的考验的话，那么他也会越来越相信自己，越来越依靠自己的勇气和力量；只有经过十字架磨炼过的人，才能够学习完全依靠上帝。即便是上帝的儿子耶稣基督也是借着苦难学习了顺服，所以人们今天也当借着患难学习忍耐，借着患难学习顺服，好让人们的生命能够更加完全。

　　经历十字架，概括起来，加尔文讲到了两个重要的方面。第一个是，除非经历十字架，否则人们不能完全依靠上帝。其实这就是他所说的自我否定的第一个方面，即完全抓住这根藤条，脚可以松掉。这并不是凭着人自己，往往需要苦难和磨炼。第二个是，十字架能够让生命得以完全，更加顺服和忍耐，并除去其中的渣滓。在这里，加尔文把基督教对忍耐的看法与哲学家的看法做了一个对比。即从苦难的观点，讨论了斯多葛派对忍耐的理解。对于忍耐，斯多葛派往往是将其理解为被动的；是我别无选择，不得不去经历的。因此,斯多葛式的忍耐操练的目标是,既然人们是在一个无可奈何的世界,那么去学习面对命运,人生最高的境界就是不动情,波澜不惊,这就叫忍耐。而基督徒所说的忍耐,保罗讲到了两个方面,首先,这种忍耐不是一种不动情,内在的压制。他可以同一个哀哭的人一起哀哭,在忍耐及经历痛苦的时候可以在上帝面前倾诉释放出来。甚至耶稣说,哀恸的人是有福的。换言之,哀恸可以通过某种方式表达出来,当然对一个基督徒来说,更多是在上帝面前的表达;第二,它不是一种无奈中的忍耐,而是主动去面对。按照加尔文所说的,这种心态是相信自己所有经历到的,即便是苦难,也是出于神的公义、公平和恩典。人们经历上帝的管教或经历外在逼迫的时候,当事者下意识的反应是抱怨,至多是当作上帝的管教而感恩;但这还不够,当事者还要在这经历中不是无奈而是真实地认识到上帝的公义、公平;并借着这种认识拓宽当事者的心胸,让他的生命更加完全。总之,这就是从上帝而来的忍耐。在加尔文看来,这与当时哲学家说的忍耐有所不同。

五

加尔文对默想永世的谈论涉及两个方面,一个是对今世的基本态度;另一个就是人们在这个世界的基本行事原则。

首先,加尔文用了两个字来描述基督徒对这个世界关系的基本态度:轻看。也就是圣经所说,不要爱这个世界。轻看就等于不要爱世界。他也解释说,轻看不等于恨恶这个世界;轻看是和感恩的心联系在一起的,即带着因上帝赐予这个人此世的祝福而怀的感恩来看这个世界。假如人们在过去曾经有过追求和梦想，希望能够实现自己人生的目标，那么上帝让人有人生的回转，把这一切都放下。当然上帝依然会赐给他们所必需的；赐给其食物、衣服、住房以及朋友等，只要他能意识到这是在享受来自上帝的祝福。如果上帝没有赐给其一所房子，使他仍与人合租，他也会把这当作是神给自己的一个祝福，几个人住在一起也是很快乐的。带着感恩和知足的心来轻看这个世界，这是一个基本的态度。

这个基本态度可以转换为我们的行事原则。加尔文的这部著作中有三个基本原则。

第一个原则是有的好像没有，这就如同保罗在新约《哥林前多书》中所说的话："弟兄们，我对你们说，时候减少了。从此以后，那有妻子的，要像没有妻子；哀哭的，要像不哀哭；快乐的，要像不快乐；置买的，要像无有所得；用世物的，要像不用世物；因为这世界的样子将要过去了。"（林前7：29—31）就是说，不要把在这个世界中所拥有的任何事物当作是人生中最重要的，好像人可以永远拥有；好像人离开这些东西就不能生活。在这个境界中，人们就可以做到在什么景况都知足，"我无论在什么景况都可以知足，这是我已经学会了。我知道怎样处卑贱，也知道怎样处丰富，或饱足、或饥饿、或有余、或缺乏，随事随在，我都得了秘诀。"（腓4：11—12）这是轻看态度具体表现的行事原则。

第二个原则就是有能力的人要做上帝的好管家，把自己从事的职业当成上帝呼召自己做的天职。这个原则需要稍加解释，因为它涉及对上帝恩赐的看法。按加尔文所说，上帝给一个人恩赐或能力的主要目的不是单祝福这个人自己，而是通过他去祝福其他人、教会和生活中的邻人。这种祝福特别通过上帝对一个人所从事之工作的呼召显明出来。如果他忠心于上帝呼召他去做的工作,那么他所从事的工作或行业就会得到上帝的祝福。他所得到的祝福或成功就可能是上帝专门托付他去祝福其他人的途径。终极层面是在服侍上帝,成为他的管家;而从另一个层面看,上帝也通过他所做的成果,服务社会或教会中的其他人。这就是韦伯在其《新教伦理与资本主义精神》一书中所涉及的那个主题,宗教改革的精神对于近代资本主义的出现产生了重要的影响。如果说早期资本主义的发展与宗教改革有某种关系,那么就是与这种节俭的精神、做上帝管家的精神联系在一起。所以从基本行事原则上看,把一个人所做的工作或从事的行业当成是上帝对自己的呼召,把上帝对自己工作的祝福当作是上帝所交托的有效管理的资源,这是个基本原则。

第三个原则不只是涉及与世界的关系,还涉及如何看待死亡,积极面对将来的生活,面对离开这个世界之后的生命。从人的本性上来说,上面所说的每一个操练,否定自我、背负十架以及默想永世中都会面对人罪性中非常顽固的那些部分。而到了这里,按照加尔文的意思,人们所遇到的人罪性中最顽固的东西就是害怕死亡。害怕死亡使人不能积极面对死亡,乐观地面对死亡之后的生命。希腊哲学在苏格拉底的时期,就把哲学的学习与思考定性为是为死亡做预备。但对加尔文来说,即便在道理上人似乎可以明白,死亡不过是一个生命的转换,死亡就是一道门,从这里一个人迈出去并进入一个新的广阔天地。但理智上明白是一回事,下意识恐惧则是另一回事。如果人们花时间进行上述的操练,同时思想死亡及死后这个方面的话,他们就会理解保罗所说,基督徒不是乐意脱去这个,乃是为了穿上那个。就是说,基督徒并不追求早一点离开这个世界,脱去地上的帐棚(身体),但如果到了上帝所定的时候,他们也能随时积极喜乐地离开这个世界。换言之,积极预备基督随时可能到来,在生活的每个时刻都做好可能离开这个世界的准备,是基督徒在这个世界生活的一个必要维度。

六

总之,在加尔文的这本书中,他给我们描述了一种特别的生活方式。虽然这并不是每个人都愿意去实践的,但他毕竟在我们的面前描述了一种别样的、可能在我们很多人看来不太熟悉的生活方式。在这种生活方式中,既有出离今世的终极关切,使人们不至于被这个世界的潮流所裹挟;也有进入今世的积极态度,让人们能够把自己的工作或生活当作是具有神圣呼召的使命去尽心尽意地完成。正是这样一种既出世又入世的人生态度,可以帮助我们更多地理解在历史上曾深受加尔文思想影响的清教运动在世界的某些地区所开创出的对人类文明的特别贡献。而我们关切人类文明在某个地区的发展时,我们不当只是关切这棵树上所结出的一些果实,而同时要看到在这棵树的树干中所涌流着的、以日常生活方式体现出来的生命活力以及带来这种生命活力的源头活水。

第一章　信心的性质[①]

信心的对象是基督（1）

1. 我们若对信心（faith）下定义，使读者明白信心的力量和性质，就会比较容易明白这一切的教导

我们若在此回想前面的解释是有帮助的。首先，神通过律法向我们吩咐他的旨意，我们若犯了任意一条，这律法所宣告的永死这样可怕的刑罚必临到我们。其次，完全遵守律法不只是困难的，甚至是超乎我们能力的。所以，我们若只倚靠自己，并因此以为我们配得什么，我们就没有任何盼望，反而将被神遗弃，并伏在永死的刑罚之下。最后，前面已解释过，唯一能救我们脱离这悲惨灾祸的途径是：我们救赎者基督的降临，因天父出于他无限的慈爱和怜悯，喜悦以基督的膀臂救助我们，只要我们以坚定的信心迎接这怜悯，并借不摇动的盼望倚靠这怜悯。

但现在我们应当考察那使人得神儿子名分并拥有天国之信心的性质如何，因我们确知没有任何逻辑或人的说服力能成就这大事。

---

① 《基督教要义》第三卷第二章，"信心的定义和其性质的解释"。

我们也必须更虚心、详细地考察信心的真正性质，因现今已有许多人误入歧途。事实上，大多数人听到信心一词时，对这个词的理解只停留在接受福音历史中的事实。其实，当神学院讨论信心时，他们只说神是信心的对象，并借一些虚妄的臆测误导人（就如我们以上说过的），而没有引领悲惨的人达到信心正确的目标。既然神"住在人不能靠近的光里"（提前6：16），我们就需要基督做我们的中保。因此，基督称自己为"世界的光"（约8：12），也称自己为"道路、真理、生命"，因为若不借着基督，没有人能到"生命的源泉"——父神那里去（约14：6；诗36：9），也唯有子和子所愿意指示的人才能认识父（路10：22），保罗因而夸耀唯有基督才是值得认识的（林前2：2）。保罗在《使徒行传》20章中叙述他讲道的主题是"信基督"（徒20：21）。在另一处经文中他引用基督的话说："我差你到外邦人那里去，要叫他们……得蒙赦罪，和一切成圣的人同得基业。"（徒26：17—18）保罗也向我们见证，在基督的身上我们得见神的荣耀，或得知神荣耀的光显在基督的面上（林后4：6）。

　　的确，信心只仰望一位神，然而也必须加上"认识你所差来的耶稣基督"（约17：3）。若基督的荣光没有照耀我们，神便永远向我们隐藏。因这缘故，父神将他喜悦启示的一切交付他的独生子，使基督借赏赐父的祝福，彰显父荣耀的本体（参阅来1：3）。前面说过，我们必须被圣灵吸引才会寻求基督；同样地，我们也要强调，唯有在基督这形象上我们才能寻见那看不见的父神。奥古斯丁对这个问题的论述很到位：在讨论信心的对象时，他教导我们必须晓得我们的目的，以及达到这目的的途径。他也立刻接着教导，唯一正确并抵挡一切谬论的途径，就是那位既是神又是人的基督，因他是神，他就是我们前进的目标；他作为人则是引领我们达到目的的途径,两者都在基督里。保罗在劝人信靠神时,他并无意推翻他对信心的教导,即信心唯有在基督里才坚稳。彼得最为清楚地解释这难题,他说:我们借着基督相信神(彼前1:21)。

信心包含知识;经院神学家们以"隐含的信心"抹杀了信心纯正的教义(2—5)

2. 信心建立在知识上,而不是在假敬虔的无知之上

这邪恶就如其他无数的邪恶一样,要归在经院神学家们身上,因他们用帕子蒙住基督。但除非我们直接仰望基督,否则我们必将在没有尽头的迷宫中徘徊。

他们不只削弱信心的力量,也几乎以他们模糊的定义毁灭了信心,甚至捏造了"隐含的信心"(implicit faith)这术语。他们利用这术语掩饰自己极大的无知,又可怕地误导可怜、悲惨的人们。我们应当坦白地指出事实的真相,这术语不但掩盖了真信心,甚至完全毁坏了真信心。难道全然无知的人只要顺服教会,就算是有信心吗?信心乃建立在知识上,而不是建立在无知上。而且这知识不但是对神的认识,也是对他旨意的认识。人不会因接受教会的教条,或因将寻求和认识神的责任交给教会而得救。救恩反而是唯借基督成就的和好,认识到神我们慈悲的父(林后5:18—19),并知道神使基督成为我们的公义、圣洁以及生命,我们是借这知识而不是借交出我们的情感才得以进天国。当保罗说"人心里相信,就可以称义;口里承认,就可以得救"(罗10:10)时,他的意思是:人隐约地相信他所不明白甚至不去考察的事是不够的。反之,他要求我

们要明确地认识那使人称义之神的良善。

3. 天主教"隐含的"信心的教义根本是错误的

其实，我并不否认——所有的人都被无知所困——多数的事情向我们是隐藏的，直到我们脱去肉体，我们才能接近神。在这些事上，我们最好不要靠自己做最后的判断，而要接受教会的教导。然而，我们若因此将所谓谦卑的无知称为"信心"，这是极其荒谬的！因信心在乎认识神和基督（约17：3），并不在乎敬畏教会。他们利用这"隐含的信心"给自己建造庞大的迷宫。只要是出于"教会"权柄的任何教导，有时甚至是最可怕的谬误，无知之人也会毫不分辨地将之奉为圣言。这种无知的天真虽然将他们带到毁灭的边缘，他们却仍为其辩护。只要"这是教会的信条"，就可以让他们相信任何事情。如此，他们幻想他们在谬误中拥有真理，在黑暗中拥有光明，在无知中拥有真知识。

然而，我们无须多费时间反驳他们，我们只要劝读者将这些教条与我们的互相对照，真理本身就足以驳倒他们一切的谬误。他们从不问信心是否被重重的无知包裹，反而视真信徒为麻木之人，甚至以这无知为傲，只要他们将自己所不明白的事交付教会的权柄和判断力。仿佛圣经不是常常教导：知识对于信心是不可或缺的！

4. 甚至就连真信心也总是被谬误和疑惑所困扰

我们当然承认，只要我们仍在世上寄居，隐含的信心是的确存在的，因许多的事情仍向我们隐藏，也因被谬误的密云所笼罩，我们便无法明白每样事。对于最敬虔的信徒而言，最有智慧的道路就是以安静、谦卑的心前进。所以，保罗劝勉信徒：若有人在任何的问题上不同意其他人,就当等候神的指示(腓3：15)。经验告诉我们,若不脱去肉体,我们的前进就是有限的。而且,我们在每日研读圣经时,都会遇到许多不明白的经文,这都证明我们的无知。神以这缰绳约束我们,并照他自己的美意分给各人大小不等的信心(罗12：3),甚至连最有智慧的教师也需要不断学习。

在基督的使徒获得完全的光照之前,他们就是这隐含的信心极好的例子。我们在圣经上看到,他们连在学最初级的知识上也极为吃力,也在最小的事上动摇,虽然时常在主身边聆听他的教训,却仍成长缓慢。当他们被妇女告知时,他们奔向坟墓,主的复活对他们而言仍如梦幻(路24：11—12；参阅约20：8)。既然基督先前亲自见证他们的信心,所以若说他们毫无信心是错误的。事实上,若非他们相信基督将从死里复活,他们一切的热忱早已令他们放弃了。妇女们也不是出于迷信,以香料膏她们所不期望复活的死人。尽管她们相信他所说的,因她们知道他是信实的,然而,无知仍占据她们的心灵,也如黑暗蒙住她们的信心,从而使她们面对基督的复活时,仍惊讶得难以相信。圣经也记载：直到基督复活成为事实,她们才相信基督的教训是真实的。这并不是说她们从那时才开始相信,而是从前埋在她们心中的信心种子在那时带着新生的活力生长出来！埋在她们内心的是隐含的,但它却是真实的信心,这都是因为她们敬畏地接受基督为她们唯一的教师,并在接受他的教训之后,确信他是她们救恩的根源。最后,她们也相信基督是从天而来,他能借着父的恩典将她们聚集到他那里。在这事上最明显的证据是——所有人的信仰总是掺杂着不信的成分。

5. "隐含的信心"是真信心的先决条件

我们也可以将那只是预备人相信的信心称为隐含的信心。福音书叙述有不少人尽管只是看见基督所行的神迹奇事而被吸引相信，但却相信基督是那被应许的弥赛亚，虽然他们从来没有听过福音的教训。这种敬畏的态度，因使他们甘心乐意顺从基督，而被称为"信心"，然而它不过是信心的起始。那相信基督治愈他儿子之应许的大臣（约4：50），在回到家时再次相信（约4：53），因他先接受基督亲口说的话为圣言，之后服从基督的权柄并接受他的教训。然而，我们必须知道，在前段经文中，如此愿受教导表示某种信心，而到了下一段经文中，就被称为基督的门徒。约翰也在撒玛利亚人身上举类似的例子，因他们深信一位妇女的见证便迫切地奔向基督，但在听到基督的话时，就对那妇人说："现在我们信，不是因为你的话，是我们亲自听见了，知道这真是救世主。"（约4：42）这些例子使我们清楚地知道，连那些未曾领受最初信心却愿意留意基督的话的人，也被称为"信徒"，这并不是在真实的意义上，而是因神出于他的慈爱喜悦尊荣这敬虔的情感，而称之为信心。然而，这愿受教导的心与无知本身截然不同，那无知就是天主教徒盲目倚靠而称之为"隐含的信心"。既然保罗严厉地斥责那些"常常学习，终久不能明白真道"（提后3：7）的人，那么，那些承认自己完全无知的人更当被严厉斥责！

信心与真道的关系和信心简要的定义（6—7）

6. 信心建立在神的真道上

若接受父神所赐给我们的基督，即穿戴着福音的基督，这就是对基督真实的认识。就如神命定基督做我们信心的对象，同样地，除非福音先引领我们，否则我们无法被引到基督的正道上。且福音向我们呈现神丰盛恩典的宝藏，但若这宝藏是隐藏的，基督对我们就没有益处。因此，保罗以这段话证明信心与教导是密不可分的："你们学了基督，却不是这样。如果你们听过他的道，领了他的教，学了他的真理。"（弗4：20—21）但当我将信心局限于福音的范围之内时，我并不是否认信心的根基是建造在摩西和众先知所传的教训上，而是因福音更完整地彰显基督。保罗称福音为"真道的话语"（参阅提前4：6），因此，保罗在另一处经文中说：当因信得救的道理被彰显时，律法就被废去了（罗10：10；参阅加3：25）。保罗所说的福音是指基督既新又与众不同的教导，在他成为我们的教师后，他借此教导更清楚地彰显父神的怜悯，也更明确地教导救恩之道。

然而，我们若按照顺序先讲一般的教导再谈具体的教导，就会更易于明白。首先，我们必须提醒自己，信心和真道之间有永不可分的关系。而且，我们不能分开这两者，就如我们不能将太阳的光线和太阳分开一样。因此，神在《以赛亚书》中宣告："侧耳而听，就必得活。"（赛55：3）约翰也在以下这句话中指出信心同样的泉源："但记这些事，要叫你们信。"（约20：31）先知为了劝百姓相信神，说道："唯愿你们今天听他的话。"（诗95：7，94：8，武加大译本）"听"在圣经上一般意味着"信"。简言之，神在《以赛亚书》中以这标记将他的儿女与外邦人分开并非毫无道理，他必教训他的儿女（赛54：13；参阅约6：45），使他们向他学习（约6：45）。因为若神想毫无分别地赏赐福分给所有的人，那么他为何只将他的话赏赐给少数人呢？与此相似的是福音书通常将"信徒"和

"门徒"当作同义词来使用。路加在《使徒行传》中尤其喜爱这样的用法。事实上，他在《使徒行传》9：36中，甚至用这称呼指妇女（徒6：1—2、7，9：1、10、19、25—26、38，11：26、29，13：52，14：20、28，15：10，以及16—21）。因此，只要信心稍微偏离它所当奋进的目标，它就失去了自己的本质，反倒成为轻信和思想中模糊不清的谬论。神的真道也是支持和维持信心的根基，若偏离真道，它必垮掉。所以，若夺走神的道，信心将荡然无存。

我们在此并不是在讨论人传扬神的真道是叫信心生长所必需的，我们将在别处探讨这一点。我们在此说的是，神的真道本身，无论是用何种方式传给我们，都如使人借信心看见神的明镜。那么，无论神在这事工上是使用人的帮助，还是唯独用他自己的大能，他总是透过他的真道，向他喜悦吸引的人彰显他自己。因这缘故，保罗将信心定义为人对福音的顺服（罗1：5），并在《腓立比书》中赞美信心（腓1：3—5；参阅帖前2：13）。信心不只是知道神的存在，更包括知道神对我们的旨意如何。因我们在乎的不只是神本身是谁，而更在意他向我们所存的旨意是什么。

因此，我们把信心看作是：对神的旨意的认识，是从他真道中获得的。因而，这信心的根基乃是要先确信神的道是真理。只要人心里仍怀疑神的道是真理，他必定会质疑这道的权威，或根本不相信这道。事实上，就算相信神是信实的（参阅罗3：3），是不能说谎的（参阅提1：2），也仍不够，除非同时毫无疑惑地确信神口里所出的一切话都是圣洁和不可违背的真理。

7. 神在基督里施恩的应许产生信心

然而，既然不是圣经的每一个字都在人心里产生信心，我们必须查考信心在神的真道上所仰望的是什么。神对亚当所说的是:"你必定死。"(创2:17)神对该隐所说的是:"你兄弟的血有声音从地里向我哀告。"(创4:10)这些话不但无法在人心里产生信心,反而只能叫人的信心动摇。同时,我们并不否认当神说话时,不管是在何时,或说什么,或如何说,信心都接受这话。然而,我们在此所讨论的是信心在神的真道上能找到的依靠是什么。若我们的良心只感觉到神的震怒和报应,它怎能避免战兢和惧怕,或不拒绝它所惧怕的神呢?然而,信心当寻求神,而不是逃避或拒绝他。

到目前为止我们尚未对信心下一个完整的定义。人若只知道关于神旨意的一些事情并不能被称为有信心,但人若只知道神的慈爱和怜悯而不知道神的旨意——因为知道神的旨意常使人感到忧伤和恐惧——这样算是有信心吗?这样至少更接近信心的性质,因人发现救恩出于神时,才开始被吸引寻求他。当神宣告他在乎和关心我们时,我们就更相信救恩出于他。因此,我们需要恩典的应许,因这见证父神是慈悲的,也因恩典是我们亲近神唯一的途径,而且是人心唯一的依靠。

同样地,《诗篇》常将怜悯和真理放在一起,就如它们是密不可分的(诗89:14、24,92:2,98:3,100:5,108:4,115:1等),因为即使我们知道神是真理,但除非我们同时也知道神怜悯地吸引我们归向他,否则这知识对我们毫无帮助。而且若神的怜悯不是随着他的真道而来,我们也不能接受这怜悯:"我已陈明你的信实和你的救恩。我在大会中未曾隐瞒你的慈爱和诚实……愿你的慈爱和诚实常常保佑我!"(诗40:10—11)以及"你的慈爱上及诸天,你的信实达到穹苍"(诗36:5);"凡遵守他的约和他法度的人,耶和华都以慈爱和诚实待他"(诗25:10);"因为他向我们大施慈爱,耶和华的诚实存到永远"（诗 117：2，116：2，武加大译本）。"我要为你的慈爱和诚实称赞你的名"（诗 138：2）。我就不再列举先知书中同样的见证，即神的应许表明他是仁慈和信实的。除非神向我们启示他的慈爱并使我们笃信之，否则我们相信神的慈爱是没有凭据的。然而，我们已经知道神爱人唯一的凭据是基督，若无基督，我们只会看到神对人的恨恶和震怒。

除非我们对神良善的认识使我们倚靠这良善，否则我们就不会看重这认识。并且，心存疑惑的认识仍是不够的，因疑惑和认识是互相矛盾的。然而人心既然盲目和黑暗，就不能参透神的旨意，而且人心也因此摇摆不定，即使参透神的旨意也不会倚靠它！因此，神必须光照并坚固我们，使我们确信他的真道。所以，信心正确的定义就是：它是神对我们施慈爱的明白和确定的知识，这知识建立在神在基督里白白赏赐我们之应许的真实性上，且这应许是圣灵向我们启示并印在我们心中的。

（以下删节了 8—13 节）

详细解释第七节中对信心的定义：信心与知识的关系（14—15）

14. 信心是更高层次的知识

现在我们要详细解释信心的定义。在我们详细解释之后，我们对信心定义的疑惑将一扫而空。当我们将信心称为"知识"时，我们并不是指人凭着感官所获得的那种知识。因信心远超过感官，甚至人心灵必须在高过或超出自身之时才能获得信心。即使人在获得信心之后，也不能完全明白之。然而人确信他不完全明白的，这现象就证明信心的知识超过人凭己力所能参透的。因此，保罗巧妙地描述信心"能明白基督的爱是何等长阔高深；并知道这爱是过于人所能测度的"（弗3：18—19）。他的意思是我们凭信心所领会的在各方面是无限的，且这种知识远超过任何其他的知识。神"向他的圣徒显明"他旨意的奥秘，"就是历世历代所隐藏的奥秘"（西1：26，2：2）。所以，信心常被称为"认知"（recognition）是极有道理的（弗1：17，4：13；西1：9，3：10；提前2：4；多1：1；门6；彼后2：21），而使徒约翰却称它为"知识"，因他宣称信徒知道自己是神的儿女（约一3：2），且这种知道并非来自理智上的证据，而是来自神真道的说服力。保罗也证明这一点："我们……晓得我们住在身内，便与主相离。因我们行事为人是凭着信心，不是凭着眼见。"（林后5：6—7）保罗的这番话表明我们凭着信心所知道的是现今不存在和眼不能见的，我们以此推断信心的知识在乎确据而不在乎属世的辨别力。

15. 信心包括确据

我们要加上"明白和确定"来表达信心是坚定不移的确据。信心不是某种充满疑惑和善变的观点，也不是某种模糊和混乱的概念，它要求完全的确定，就如人所亲自经历的那样。因不信在人心里根深蒂固，我们是如此地倾向于不信任，甚至我们如果不是经历挣扎，就难以说服自己像众信徒一样承认神是信实的，尤其当我们受试探而动摇时，特别显出我们心里的罪。因此，圣灵以高贵的称号将权威归给神的道并非毫无理由，圣灵想借此医治人的疑惑，使我们满心相信神的应许。大卫说："耶和华的言语是纯净的言语，如同银子在泥炉中炼过七次。"（诗12：6；诗11：7，武加大译本）还有，"耶和华的话是炼净的。凡投靠他的，他便作他们的盾牌。"（诗18：30）

所罗门几乎以同样的话语肯定这真理："神的言语句句都是炼净的。"（箴30：5）既然《诗篇》119篇几乎整篇都证明这一点，我们就无须再列举其他经文来证明。的确，神越劝我们相信他的话，就越间接地责备我们的不信，神唯一的目的是要从我们心中根除邪恶的疑惑。

也有不少信徒因误解神的怜悯而几乎不能从中得到任何安慰。当他们怀疑神的怜悯时，就被焦虑占据。他们以为自己确信神的怜悯，实际上却是将神的怜悯局限于狭窄的范围内。他们在其他信徒面前承认神的怜悯是伟大丰盛的，并浇灌在多人身上，也是为众信徒所预备的，但他们却怀疑这怜悯是否会临到自己身上。他们这种半途而废的相信不但没有使自己从中获得安慰，反而使自己的心充满疑惑和不安。然而，圣经总是描述信心为人心里的确据。这信心使人冲破疑惑而将神的良善向人明白显明出来（西2：2；帖前1：5；参阅来6：11，10：22），除非我们感受并经历到这怜悯的甘甜，否则我们就不可能确信之。因此，保罗从信心中获得确信，并从确信中获得勇气。"我们因信耶稣，就在他里面放胆无惧，笃信不疑地来到神面前。"（弗3：12）保罗这段话显然表明真信心使我们能坦然无惧地站在神面前。这种勇气只来自确信神的慈爱和救恩。因此，我们常用"信心"来代表确信是非常正确的。

确信与惧怕的对照（16—28）

16. 确信

关于信心，最关键的是：我们不该将神怜悯的应许只运用在别人身上，而是从内心接受它们，使之成为自己的。如此，就产生保罗在另一处所称为"平安"的确信（罗5：1），虽然保罗的意思可能是这确信带给人平安。这样的确信使人的良心在神的审判台前安稳，因为没有这确信，人的良心必定惊慌，且几乎崩溃，或暂时因忘记神和自己而沉睡。这沉睡的确是暂时的，因它不会长久享受这可悲的健忘，神的审判将不断浮现在他脑海中，并强烈地震撼它。总之，我们唯有确信神是慈悲良善的父，并按他的慷慨应许万事，才是真正的信徒。因这人依赖神恩待他的应许，就毫不怀疑地持守对救恩的盼望。这就是使徒以下的教导："我们若将可夸的盼望和胆量坚持到底。"（来3：6）因此，使徒深信唯有出于确信而夸耀天国基业的人，才能在主里有美好的盼望；唯有那因依靠救恩的确据而胜过恶者和死亡的人才是信徒。保罗伟大的结论教导我们这真理："我深信无论是死，是生，是天使，是掌权的，是有能的，是现在的事，是将来的事，是高处的，是低处的，是别的受造之物，都不能叫我们与神的爱隔绝；这爱是在我们的主耶稣基督里的。"（罗8：38—39）保罗在另一处也说：除非我们知道神呼召我们并赏赐我们永恒基业的盼望，否则我们就没有真正被光照（弗1：18）。保罗所有的教导都表明，除非我们从神的良善中获得确据，否则我们就不会确实明白他的良善。

17. 与诱惑争战中的信心

然而，或许有人会说："信徒们的经历却非如此。他们虽然确信神对他们的恩典，却在心里被不安所试探，也不断地被可怕的恐惧所摇动。所搅扰他们的试探是如此强烈，以致似乎与确据极不相称。"为了证实以上所教导的教义，我们必须先解决这难题。虽然我们教导信心应当是坚定不移的,然而,我们想象不到任何不被疑惑或焦虑所攻击的确信。另一方面,信徒也一直不断地在与自己的不信争战。我们以上所教导的,并不是说信徒无亏的良心不会受任何争战的搅扰。然而,我们仍要说:无论信徒遭受怎样的患难,他们都必不致丧失神的怜悯所赐给他们的确据。

我们发现,圣经中所记载的信心没有比大卫的更辉煌或更值得效法的,特别是当我们查考他一生中信心的历程之时。然而,他常以无数的叹息宣告他心里的不安。我们只需列举几个他叹息的例子即可。当他责备自己内心受搅扰时,不就是在对自己的不信发怒吗?他说:"我的心哪,你为何忧闷?为何在我里面烦躁?应当仰望神。"(诗42:5、11,43:5)的确,这深深的忧郁是他不信的明证,就如大卫以为神已离弃了他。大卫甚至在另一处更清楚地告白:"至于我,我曾急促地说:'我从你眼前被隔绝。'"(诗31:22)在另一处经文中,他也与自己焦虑和痛苦的困惑挣扎,他甚至开始怀疑神的属性:"难道神忘记开恩,难道主要永远丢弃我吗?"(诗77:9、7)他接着说的这句话更为明显:"我便说:这是我的懦弱,但我要追念至高者显出右手之年代。"(参阅诗77:10)在绝望中,他责备自己是该死的,不但承认自己内心的疑惑,也仿佛他在这场争战中仆倒了,感到自己无路可走,他以为神已离弃了他,并用从前扶持他的膀臂丢弃了他。因此,他不得不劝自己的心归向神的安息(诗116:7),因他已亲历过在暴风大浪中颠沛流离。

然而,奇妙的是在如此众多的攻击中,信心仍扶助敬虔之人的心,并使他得胜如发旺的棕树(参阅诗92:12,武加大译本),因他在各种逆境中仍然得胜。所以,即使当大卫似乎即将崩溃而自责时,却仍没有停止仰望神。人若与自己的软弱争战,在极度忧虑中仍寻求信心，就近乎完全得胜。以下的经文使我们明白这一点："要等候耶和华！当壮胆，坚固你的心。我再说：要等候耶和华！"（诗 27：14）这经文显露大卫胆怯的心，他所重复的话也证明他经常忧患。但同时，他不只因这些软弱恼怒自己，也极力想要克服它们。

我们若将大卫和亚哈斯公平地比较，那么他们之间的不同是明显的。神差派以赛亚去安慰在忧虑中假冒为善的王，以赛亚对他说："你要谨慎安静，不要害怕，也不要心里胆怯。"（赛 7：4）亚哈斯的反应如何呢？圣经先是说王的心跳动，好像林中树叶被风吹动一样（赛 7：2）。他虽然听见神的应许，却仍然战兢。这是不信的工价和惩罚：因不凭借信心开启神的应许之门，就惧怕到转离神。另一方面，信徒虽然被诱惑击打并几乎被击垮，却仍然得胜，虽然不无艰辛和困苦。他们因深知自己的软弱，所以就与先知一同祷告说："求你叫真理的话总不离开我口。"（诗 119：43；诗 118：43，武加大译本）这经文教导我们：信徒有时无法提醒自己神的真理，就如信心已丧失了一般，然而他们却不至于失败或背弃神，而是在争战中坚忍到底。他们借祷告刺激自己的惰性，免得放纵自己而变得冷淡。

18. 信徒心中的争战

为了明白这一点，我们有必要再讨论以上关于肉体和灵魂的区分。肉体和灵魂在这一点上的差别是显然的。敬虔的人感到内心的争战，他一方面因体会到神的良善而快乐，另一方面却因意识到自己的灾难而痛苦、忧伤；他一方面依靠福音的应许，另一方面却在自己罪孽的确证下战兢；一方面因盼望得生命而欢喜，另一方面则因面对死亡而战抖。这些挣扎都是因信心不足而产生，在今生我们不会成圣到完全摆脱自己的不信而充满信心和被信心全然占据。信徒之所以有这些争战，是因仍在人肉体中的不信兴起，攻击圣灵在人心里所运行的信心。

然而，既然在信徒心中的确据混有疑惑，难道我们不应当说：信心不是关于神对我们旨意之确实清楚的知识，而是对这旨意模糊混乱的知识吗？当然不是。因我们即使被各种争战搅扰，却不至于全然丧失信心。或即使我们被不信四面围困，却不至于因此陷入不信的深渊。我们若受击打，也不会被打倒。因这争战的结局总是：信心至终必胜过围攻它的仇敌。

19. 软弱的信心也是真信心

综上所述，只要圣灵在我们心中运行些微的信心，就会把我们带到神的面前，就会让我们开始相信神以平安和恩典待我们。我们虽然只从远处望见神，却已清楚到确信这是真实的。而后我们越稳步往前进，就越接近神，且越能清楚地看见神而认识神。由此可见，虽然当人心一开始受光照认识神时，被重重的无知包裹，但之后这无知会逐渐地被驱散。然而，虽然人对某些事情无知，或只是模糊地看见他所知道的，但这些不会拦阻他清楚地明白神对他的旨意，因他所知道的是真道基要的部分。这就如被关在地牢里的人，只能透过狭窄的窗缝看见微弱的光线，而无法看到整个太阳。然而，他的眼目却不断地仰望这不灭的光，并从中受益。同样地，人因肉体的限制，即使黑暗在四面围绕我们，即使神的怜悯如微弱的光照耀我们，也足以使我们获得确据。

20. 软弱和刚强的信心

保罗在不同的经文中清楚地教导这一点。因当他教导"我们现在所知道的有限，先知所讲的也有限"（林前13：9、12），以及"如今仿佛对着镜子观看，模糊不清"（林前13：12），他的意思是我们在今生只领受到神智慧微小的部分。上面的经文不仅教导，若信徒仍在肉体的重担下叹息，他的信心便不完全；而且教导因信心的不完全，信徒必须要不断地学习。他也暗示我们极其有限的能力无法测透无限的神。保罗宣告这也是整个教会的光景，每一位信徒的无知都是一种拦阻，使他无法如他渴望的那样亲近神。

但在另一处经文中，保罗也证明连最微小的信心都会让信徒品尝到确据。他宣告信徒借着信心敞着脸得以看见主的荣光，就变成主的形状（林后3：18）。保罗暗示，在如此浓厚的无知的包裹之下，信徒的心仍有许多疑惑和恐惧，这是人与生俱来不信的倾向。此外，还有无数不同的引诱猛烈不断地攻击我们。尤其当我们的良心在许多罪恶的重担下，有时叹息，有时埋怨，有时自责，甚至有时公开地违背神。不论是患难还是我们的良心向我们彰显神的愤怒，不信都从此找到攻击信心的武器。而且这些武器都有同样的目的：借着使我们认为神反对并恨恶我们，就不盼望从神那里得帮助并惧怕神，就如他是我们的死对头。

21. 神的道是信心的盾牌

为了抵挡这一切的攻击，信心会以神的道武装和坚固自己。当任何试探攻击我们时——仿佛暗示神不喜悦我们因而是我们的仇敌——信心就回答：虽然神使我们遭难，却也向我们发怜悯，因他是出于爱而非愤怒管教我们。当我们想到神报应一切的罪孽时，信心提醒我们：只要罪人投靠神的怜悯，神必赦免一切的罪孽。如此，敬虔之人无论遭受何种患难或引诱，至终都会胜过一切困难，不容任何仇敌夺去他对神怜悯的确据。一切攻击他的仇敌反而增加这确据。一个关于这一点的证据是，当圣徒似乎遭受神的报应时，他们仍向神来抱怨；当神似乎掩耳不听他们时，他们仍求告他。他们若不期待从神那里获得安慰，那么求告他有何用处呢？事实上，他们若不相信神早已预备救助他们，他们就连想也不会想求告他。当基督责备使徒的小信时，他们埋怨自己快要灭亡，却仍呼求他的帮助（太8：25—26）。基督虽然责备他们的小信，而他并没有不认他们为他的门徒或将他们视为非信徒，反而劝他们离弃那些罪。所以，我们在此要复习以上的教导：信心永不会从敬虔之人的心中被根除，反而会深深地在其中扎根。不论信心看起来有多摇摆不定，其光却永不至于熄灭。这比方证明神的真道是永不朽坏的种子，总是结圣洁的果子并永不枯萎。使圣徒绝望的最大的缘由莫过于在患难中开始以为神将毁灭他们。然而，约伯宣告：即使神杀他，他也不会停止仰望神（伯13：15）。总而言之，不信绝不能在信徒心中做王，只能从外面攻击。这不信和它的武器必不至于杀害信徒的性命，仅是搅扰他们，或顶多伤害他们，其伤害也必得医治。因此，保罗教导说：信心是信徒的盾牌（弗6：16）。当这盾牌抵挡不信武器的攻击时，它或完全击败它们，或至少削弱它们的力量，以致它们无法毁灭我们。所以当信心动摇时，就如壮士被长矛攻击而退后几步；当信心受伤时，就如战士的盾牌被长矛划裂，却没有被刺透。因敬虔之人总必兴起与大卫一同说："我虽然行过死荫的幽谷，也不怕遭害，因为你与我同在。"（诗22：4，武加大译本；诗23：4）在死荫的幽谷中行走的确是可怕的，而且无论是多刚强的信徒也必惊惧。但因他们深信神与他们同在，保守他们，所以这对神的确信就立刻胜过恐惧。就如奥古斯丁所说，不论魔鬼的诡计有多阴险，只要它不占据信心所居之处，就必被赶出。这就告诉我们，信徒从每一次的战争中安然归回，并且领受新的力量，预备好立即再入战场。这也见证使徒约翰的话是真的："使你们胜了世界的就是你们的信心。"（约一5：4）他也肯定我们的信心不止会在一场或几场战争中获胜，而是即使受到千万次的攻击，至终将胜过整个世界。

22. 神所喜悦的恐惧

有另一种"恐惧战兢"（腓2：12），它非但没有削弱信心的确据，反而使之更为坚固。当信徒将神向恶人所发的烈怒视为对他们的警告时，就特别谨慎，免得以同样的罪激怒神；或在反省后发现自己的软弱时，学习全然依靠神，并确信离了他信心就将摇摆不定，甚至荡然无存。当保罗描述神对古时以色列人的惩罚时，就使哥林多信徒惊恐，免得他们犯同样的罪（林前10：12；罗11：20）。他这样做并没有削弱他们的信心，反而使他们脱去肉体的懒惰，因懒惰于信心有害。虽然他以犹太人的堕落为例劝勉道："自己以为站得稳，需要谨慎，免得跌倒"（林前10：12；罗11：20），他不愿我们因缺乏信心而动摇。他反而想去除我们的傲慢和自信，也使外邦信徒知道神弃绝犹太人而避免自夸自大。然而，在这段经文中他所劝勉的不只是信徒，也包括那些只在乎外表的假冒为善之人；他的劝勉也不是针对个人，而是在比较外邦人和犹太人。他表明神拒绝犹太人是因他们不信和忘恩负义，所以遭到神公义的审判。接着他也劝勉外邦信徒不要自高自大而丧失神赏赐他们儿子名分的恩典，就如在犹太人被弃绝的事上，仍存留一些人没有从儿子名分的恩约中堕落。同样地，一些没有真信心的外邦人也许会兴起，因这教导而自傲，并滥用神的慷慨而自取灭亡。然而，即使我们将这经文唯独运用在选民身上，也不会使他们丧胆。因为保罗在此是想勒住圣徒有时任意妄为的罪，免得他们骄傲地放纵自己。他并不是想以恐惧使人灰心，使人不能全然确信神的怜悯。

23. "恐惧战兢"

当保罗教导我们应当"恐惧战兢作成我们得救的工夫"（腓2：12）时，他只是在吩咐我们要习惯尊荣神的大能，并同时谦卑自己。因为没有比怀疑自己并因嗅到灭亡的气息带来的焦虑更能使信徒全然信靠神。这就是先知这句话的意思："至于我，我必凭你丰盛的慈爱进入你的居所；我必存敬畏你的心向你的圣殿下拜。"（诗5：7）先知在此表明：依靠神怜悯的坦然无惧的信心，与当我们来到威严之神面前，因自己的污秽而感到惧怕的心，并无冲突。所罗门王也同样贴切地宣告心存畏惧的人有福，因为刚硬的心使人落入邪恶（箴28：14）。然而，他所指的是使我们更为谨慎的畏惧，并不是那折磨我们并使人跌倒的畏惧，因为受搅扰的心在神那里得宁静，沮丧的心在神那里被举起，绝望的心因信靠神而重新得力。

换言之，信徒因畏惧神而同时拥有确实的安慰，只要他们省察自己的虚妄并同时默想神的真道。或许有人会问，畏惧和信心如何同时居住在同一个人的心里呢？事实上，这就如懒惰和担忧同时居住在人心里一样。虽然恶人力求避免痛苦，免得对神的畏惧搅扰他们，然而，神的审判仍重压在他们身上，使他们不能随心所欲。所以，神常以谦卑磨炼他的百姓，使他们在英勇作战时仍能以自制的缰绳勒住自己。这经文的上下文清楚地表明：恐惧战兢的心是神所喜悦的，因为神借此赏赐他的百姓立志行善的能力，使他们毫无畏惧地成就他的美意（腓2：12—13）。先知的这句话与此含义相同："以色列人必以敬畏的心归向耶和华，领受他的恩惠。"（何3：5）因敬虔不但使人敬畏神，而且神甘甜的恩典也使对自己感到绝望的人畏惧和仰慕神，以至于投靠神并谦卑地伏在神的权柄之下。

24. 信心坚不可摧的确据建立在基督与我们的联合之上

然而，我们并不因此接受那些深受天主教影响之人私下散布的极为有害的神学，因他们无法为经院神学家所传授的疑惑辩护，就诉诸另一种虚谎：有某种与不信混杂的确信。他们承认人若仰望基督，人的盼望就有充分的根据。但既然人总是不配得神在基督里所提供的一切福分，当人的目光转向自己的不配时就会出现怀疑和犹豫。简言之，他们教导说，人的良心会时而盼望，时而畏惧。他们对盼望和畏惧的教导是：人越有盼望就越不畏惧，人越畏惧就越不能盼望。撒旦一旦发现它从前习惯用来摧毁信心、确据的公开诡计失效，就会尝试采用更阴险的手段。然而，有时会屈服于绝望的信心是怎样的信心呢？他们说：若你仰望基督，就有确实的救恩；若你倚靠自己，就必定灭亡。所以，不信和盼望轮流占据人心，仿佛我们应当将基督视为站在远处而不是居住在我们心里！然而，我们在基督里盼望救恩并不是从远处望见他，而是因他使我们嫁接在他身体上，使我们不但在他一切的恩惠上有分，也使我们拥有基督自己。因此，我要用他们的论点反驳他们：你若倚靠自己就必灭亡。既然神已经将基督和他一切的福分赐给你并成为你的，使你成为基督的肢体，与他合而为一，那么他的义就遮盖你一切的罪，他的救恩使你脱离灭亡,他以圣洁替你代求,免得你的不洁被神看到。我们的确不应当将基督与自己分开或将自己与基督分开。我们反而应当紧抓住基督所成就与我们的相交。所以保罗教导我们:"基督若在你们心里,身体就因罪而死,心灵却因义而活。"(罗8:10)若根据这些人的无稽之谈,保罗应当这样说:"在基督里面的确有生命,然而既因你是罪人,就仍伏在死亡和神的咒诅之下。"但保罗并非如此说,他所教导的是:在基督里的救恩已经吞灭了我们自己所应得的沉沦。而且为了证明这一点,他所采用的教导和我以上的相同:基督并不在我们之外,而是居住在我们心中。他不但以某种无法分离的交通使我们专靠他,也以这奇妙的交通使我们一天比一天更与他成为一体,直到他完全与我们合而为一。然而,我并不是在否定以上的教导,我们的信心有时受搅扰,因这软弱的信心处处受到猛烈的攻击,因此在诱惑的幽暗中,信心之光几乎熄灭,但无论如何,信心绝不至于停止迫切地寻求神。

25. 明谷的伯尔纳对信心两方面的教导

明谷的伯尔纳在关于献堂的第五篇讲道中明确地讨论了这问题,他的教导也与我相同:"当我省察自己的灵魂时——我靠神的恩典有时这样做——我发现我的灵魂似乎有两个互相敌对的方面。我若考虑我的灵魂本身,我所能说关于这灵魂最真实的话是:它是毫无价值的"(诗72:22,武加大译本)。我无须列举我灵魂的每一项罪恶,因为它是被罪压制,被黑暗笼罩,做宴乐的奴仆,充满各样的私欲,常受各种引诱,充满迷惑,倾向犯各样的罪。总之,充满了羞辱和混乱。的确,若我们一切的义行在真理之光的审察下就如"妇人污秽的月经带"(赛64:6,武加大译本),更何况我们的不义呢？"你里头的光若黑暗了，那黑暗是何等大呢！"（太6：23）无疑地……"人好像一口气"（诗143：4，武加大译本；诗144：4），人纯属虚无。然而，神所显为大的人为何被视为虚无呢？神所钟爱的人怎会是虚无呢？

"弟兄们，我们当壮胆。即使我们看自己是虚无，也许'发慈悲的父'仍爱我们（林后1：3），可悲之人的父！你怎能眷顾我们呢？因为'你的财宝在哪里，你的心也在那里'（太6：21）。既然我们是虚无的，我们又怎会是你的财宝呢？'万民在他面前好像虚无，被你看为不及虚无，乃为虚空。'（赛40：17）在你面前的确如此，在你心里却非如此；在你真理的审判之下的确如此，在你信实的计划之下却非如此。你确实是'使无变为有的神'（罗4：17）。我们的确是无，因为你所呼召的是无，同时，我们也是有，因为我们受你的呼召。虽然我们本身是无，然而你却将我们视为有，就如使徒所说：'不在乎人的行为，乃在乎召人的主。'（罗9：11）保罗也接着说人的不义和神的呼召之间的关系是奇妙的。的确，一切有关联的事物不会互相冲突！"

伯尔纳在他的结论中更明确地说："我们若从这两方面殷勤地省察自己——一方面我们是虚无，另一方面我们被神显为大……我深信我们大大地夸耀是合适的，也有极好的根据，因我们所夸的不是自己而是主。"（林后10：17）我们若如此思想：他若定下旨意要救赎我们，我们必要得救（参阅耶17：14），我们就能放胆。

"攀上更高的瞭望塔后，我们当寻求神的城、神的殿、神的居所，以及神的新娘。我并非忘记我原是怎样的人，却以敬畏的心说：'我们唯有在神的心中才存在；唯有在神尊荣我们时，我们才存在，并不是因为我们是可尊荣的。'"

26. 敬畏和尊荣神

"敬畏耶和华"——众圣徒的见证——圣经有时称之为"智慧的开端"（诗111：10；箴1：7），有时则称之为智慧本身（箴15：33；伯28：28），敬畏神的含义有两重，虽然对神的敬畏只有一种。因为神本应像父亲和主人般受崇敬，所以，一切想真诚敬拜他的人都会做他顺服的儿子和忠心的仆人。主借先知的口称对父的顺服为"尊荣"，而称对主的服侍为"敬畏"。他说："儿子尊敬父亲，仆人敬畏主人；我既为父亲，尊敬我的在哪里呢？我既为主人，敬畏我的在哪里呢？"（玛1：6）他虽然对它们做区分，却将它们联系在一起。所以，让尊荣和畏惧所组成的某种尊敬成为我们对耶和华的敬畏。如此，同一个人拥有这两种性情就不足为怪了！只要我们思想神对我们是怎样的父亲，即使没有地狱，我们也有足够的理由惧怕得罪他远胜过惧怕死亡。再者，我们也都倾向于毫无顾忌地放纵肉体犯罪。为了采取一切手段治死这肉体，我们必须牢牢记住：掌管我们的主憎恶一切罪孽，而且一切过邪恶生活激怒神的人，必不能逃脱神的报应。

27. 孩童般和奴仆般的敬畏

使徒约翰也说："爱里没有惧怕；爱既完全，就把惧怕除去，因为惧怕里含着刑罚。"（约一4：18）这并不与我们上面所教导的相冲突，因他所说的是那出于不信的惧怕，与信徒的畏惧大不相同。因为恶人怕神并非怕得罪神，只要能免受惩罚；他们怕神是因他们确知神有报应他们的力量，所以在察觉到神的怒气时颤抖。他们之所以如此惧怕神的烈怒，是因为他们确知神的烈怒近在咫尺，随时会临到他们。然而，就如我以上所说，信徒们怕得罪神更胜过怕受惩罚，不像非信徒惧怕神的报应随时临到他们。神报应的威胁反而使他们更谨慎，不敢得罪神。这就是保罗对信徒的教导："不要被人虚浮的话欺哄，因这些事，神的愤怒必临到那悖逆之子。"（弗5：6；西3：6）他并没有以神的愤怒威胁信徒，而是劝信徒思想神因恶人的罪将向恶人发怒，免得信徒激怒神。其实恶人很少理会威胁，当神从天上如雷声般威胁他们时，他们迟钝、刚硬的心仍然顽梗不化。然而，神的手一旦击打他们，他们就不得不惧怕他。人们一般称之为"奴仆般的惧怕"，并将之与神儿女甘心乐意的畏惧做对比。另一些人微妙地引入一种中间的惧怕，因为奴仆般受制的惧怕有时征服人心，而甘心带给人对神正确的畏惧。

28. 信心使我们确信的不是属世的兴旺，而是神的恩惠

信心仰望神的慈爱，使人获得救恩和永生。因为若神恩待我们，我们就一无所缺，同样地，若他使我们确信他对我们的爱，我们就会深信神对我们的救恩。先知说："使你的脸发光，我们便要得救。"（诗80：3；诗79：4，武加大译本）圣经立定这原则作为我们救恩的总纲，即基督废去了神对我们所有的敌意，并接我们到恩典中（弗2：14）。这就表示当神与我们和好时，没有什么能拦阻，万事都相互效力，使我们得益处。所以，当信心领会神的爱时，就拥有今世和来生的应许（提前4：8），以及对所有福分的确据，就是圣经所启示的一切福分。信心并不相信长寿、尊荣或财富，因神并没有预定每一位信徒在今生都领受这一切的福分。信心反而满足于这应许：不管我们今生的遭遇有多艰难，神必不撇弃我们。信心主要的确据反而在乎神的话所应许我们来世的盼望。然而，不管神所爱的人在世上遭受怎样的痛苦和患难，这一切都无法拦阻他的慈爱成

为他们最大的喜乐。所以，福气本身就在乎神的恩典，因神从这源头赏赐我们一切的福分。而且当圣经告诉我们神将赐我们永远的救恩或任何福分时，同时也是在教导我们神的爱。因此，大卫歌颂神的慈爱说：这慈爱在敬虔之人的心中比生命更甘甜，且更可切慕。（诗63：3）

简言之，即使万事都如我们的心意成就，但若我们不知道神是爱还是恨我们，那我们的快乐也是悲惨和被咒诅的。但若神以父亲般的爱仰脸光照我们，那连我们的痛苦也是祝福，因神将使它们成为我们得救恩的帮助。因此保罗列举各式各样的逆境，却夸耀这一切都无法使我们与神的爱隔绝（罗8：35、39），并总是以神的恩典作为他祷告的起头，因一切的兴旺从此而来；同样地，大卫王也说道，在一切搅扰我们的恐惧中，神与我们同在："我虽然行过死荫的幽谷，也不怕遭害，因为你与我同在。"（诗22：4，武加大译本；诗23：4）但我们总是心怀二意，除非我们满足于神的恩典并从中寻求平安，且深信《诗篇》的这段话："以耶和华为神的，那国是有福的！他所拣选为自己产业的，那民是有福的！"（诗33：12）

信心的根基就是神在他的话语中白白应许赐给我们在基督里的恩典 （29—32）

29. 神的应许就是信心的支柱

神白白赐给我们的应许就是信心的根基，因信心建立在这应许之上。信心确信神在万事上都是信实的，不论是他吩咐或禁止的，也不论是他应许或警告的。同时，信心也以顺服的心接受神的诫命，不做他所禁止的，留意他的警告。但无论如何，信心始于应许，并倚靠应许，以及在这应许上坚忍到底。因信心在神里面寻求生命，这生命在神的诫命或神惩罚人的警告中无法找到，只能在白白怜悯的应许中找到。因为任何条件性的应许若使我们再次倚靠自己的功德，就不能应许我们生命，除非这生命已经在我们里面。所以，我们若深盼拥有不摇动的信心，就必须将信心建立在神救恩的应许上，因为这应许乃是神看见我们的悲惨，甘心乐意白白赏赐给我们的，而不是因我们的功德。所以保罗这样对福音做见证：福音是信（主）的道（罗10：8）。他将福音、律法的诫命和神的应许做区分，因唯有神用来叫世人与自己和好的宽大福音才能坚固信心（参阅林后5：19—20）。这就是为何保罗常常教导我们信心与福音之间有密切的关系。他教导神交托他传福音的事工是使人"信服真道"（罗1：5），也教导福音是"神的大能，要救一切相信的……因为神的义正在这福音上显明出来；这义是本于信，以至于信"（罗1：16—17）。这并不奇怪！既然福音是那使人与神和好的职分（林后5：18），那就没有什么比福音更能充分证明神对我们的慈爱，而且这也是信心所寻求的知识。

因此，当我们说信心必须建立在神白白的应许上时，我们并不是在否认信徒完全接受神话语的各部分，我们所说的只是信心，正确的目标是神怜悯人的应许。就如信徒一方面相信神是一切恶行的审判官和报应者，另一方面也默想神的慈爱，因圣经描述神本为善（参阅诗86：5），"有怜悯"（参阅诗103：8；诗102：8，武加大译本），"不轻易发怒，且有丰盛的慈爱"（参阅诗103：8），"善待万民"（诗144：9，武加大译本），"他的慈悲覆庇他一切所造的"（参阅诗145：9）。

30. 为何信心唯独倚靠恩典的应许？

我也不想浪费时间驳斥皮修斯（Pighius）和与他同是犬类的狂吠。他们攻击我以上对信心所下的狭窄定义，仿佛信心可被咬碎而使各人手持一片。我承认，就如我以上所说，神的真道就如他们所说是信心一般的对象，不管他借此警告我们或赏赐我们蒙恩的盼望。因此，使徒说挪亚出于信心在尚未见世界毁灭之前惧怕之（来11：7）。既然挪亚惧怕即将来临之神的审判是出于信心，这就证明信心的定义也包括相信神的警告。这是正确的！但那些毁谤我们的人不公义地指控我们否认信心包括相信神一切的话语。其实我们只是特别强调这两点：其一，除非人深信神所赏赐的白白应许，否则他的信心必不能坚定；其二，除非信心将我们与基督联合，否则这信心无法使我们与神和好。这两点都值得我们留意。我们所寻求的是那区分神的儿女与恶人、信徒与非信徒的信心。若有人相信神一切的吩咐和警告都是公义的，我们是否就据此称他为信徒呢？断乎不可！唯有依靠神怜悯的信心才是真信心。那么我们讨论信心的目的是什么呢？难道不就是为了使我们明白何为救恩之道吗？然而，除非信心使我们嫁接在基督身上，否则我们凭什么称它为使人蒙救恩的信心呢？因此，在我对信心下定义时，强调信心特殊的对象，好区分信徒和非信徒是很合理的。总之，恶毒的人若在这教义上斥责我们，也就是在斥责保罗，因他正当地称信心为"信（主）的道"（罗10：8）。

31. 真道对信心的重要性

如此，我们就再次推断出前面所解释过的结论：信心需要真道，就如果实需要树的活根。因为根据大卫的见证，唯有认识主名的人才能在神里面有盼望（诗9：10）。然而，这认识并非出于任何人的幻想，乃是出于神亲自对他慈爱的见证。先知在另一处经文中肯定地教导："耶和华啊，愿你照你的话，使你的救恩临到我身上。"（诗119：41）以及"求你救我，因我寻求了你的训词。"（诗119：42、40、94）我们在此必须先讨论信心与真道的关系，然后再留意信心所产生的结果，即救恩。

但同时我们也不否认神的大能，因为除非信心依靠神的大能，否则就不可能将神所应得的尊荣归给它。当保罗说亚伯拉罕相信那应许他后裔蒙福之神的大能时，似乎是说亚伯拉罕的信心只是简单和普遍的（罗4：21）。同样地，他在另一处这样形容他自己："我知道我所信的是谁，也深信他能保全我所交付他的，直到那日。"（提后1：12）人只要考虑有多少关于神大能的疑惑乘虚潜入自己心中，就会充分理解，那些将神的大能所应得的称赞归给他之人的信心是大的。我们都会承认神能做他一切所喜悦的事，然而，当最小的试探击倒我们，使我们恐惧不知所措时，这就表明我们怀疑神的大能，宁可相信撒旦的恐吓，也不相信神的应许。这就是为何当以赛亚想要说服神的百姓确信他们的救恩时，恢弘地描述神的大能（赛40：25及以下，常见于40—45）。当以赛亚开始述及关于赦罪和与神和好的盼望时，似乎又转换话题，发出一些与主题无关的长篇大论，谈到神何等奇妙地掌管天地和整个大自然。其实，他所谈的与主题密切相关。因除非我们相信神用来成就万事的大能，否则我们就听不进神的真道，甚至会轻看它。

保罗所谈论的是神有效的大能，因为敬虔——就如我们以上所说——总是在需要的时候支取神的大能，且也特别留意神用来见证他父亲职分的作为。这也是为何圣经时常提到救赎的原因之一，就是要教导以色列人为我们的救恩创始成终的神将永远保守这救恩。大卫以自己的经历提醒我们，神分别赏赐各人的福分，是为了要使人继续坚定地信靠他。事实上，当看上去神似乎离弃我们时，我们必须提醒自己神从前的带领，使他从前赏赐的福分更新我们，正如《诗篇》所说："我追想古时之日，思想你的一切作为。"（诗143：5；诗142：5，武加大译本）以及"我要提说耶和华所行的……记念你古时的奇事。"（诗77：11）

但因我们一切在神真道之外所领悟关于神大能和作为的事都将如烟消散，所以，我们有极好的理由宣称：除非神以他恩典的见证光照人心，否则人必不能有信心。

然而，我们也许可以在此提出：当如何看待撒拉和利百加的信心？这两位妇人似乎有炽热的信心，却越过了真道的范围。撒拉，因迫切地渴慕神所应许她的儿子，就将她的婢女交给她丈夫（创26：2、5）。不可否认，她在多方面犯了罪，但我现在所谈的是她因热忱而拒绝接受真道范围的限制。然而，我们确信她的渴慕是出于信心。利百加确信神拣选她儿子雅各的圣言，却以卑劣的手段为她的儿子获得这福分（创27：9）。她欺哄了她的丈夫——神恩典的证人和使者。她强迫她的儿子说谎，她以各种手段和诡计败坏了神的真道。总之，她因轻看神的应许就尽力毁坏之（创27）。

她的这行为虽然是罪，也应受谴责，却并非是完全缺乏信心。为了追求这根本不会带给她世俗利益，反而使她遭遇极大困苦和危险之事，她必须先克服许多障碍。同样地，我们也不会视先祖以撒为完全没有信心的人，虽然他领受了同样祝福他小儿子的圣言，却仍偏爱他的长子以扫。这些例子教导我们：罪恶确实常潜入人的信心，然而真信心总能胜过这些罪。就如利百加的罪并没有使神的祝福落空，同时，这罪也没有夺去她的信心，因这信心在她心中做王，也是她接受神应许的源头和起因。利百加的光景证明，当人稍微放纵自己的情欲时，人心有多容易偏离神。然而，即使人的罪和软弱减损信心，却无法使之消灭。同时，人的罪和软弱警告我们要警醒并聆听神的声音；也教导我们：信心若非受真道的支持，就不能长存。若神没有以他隐秘的缰绳保守撒拉、以撒、利百加顺服真道，他们的信心必被自己诡诈的伎俩所消灭。

32. 基督应验了神对信心的应许

再者，我们说神一切的应许都包含在基督里，并非毫无根据，因为保罗说福音本身就是认识基督（参阅罗1：17），也教导说："神的应许不论有多少，在基督都是是的。"（林后1：20）这事实的缘由是显然的，因当神应许任何事，他也借此显明他的慈爱，就证明了神一切的应许都见证他的爱。这也与另一个事实毫无冲突，即神不断和极大地祝福恶人，都是为了带给他们更重的审判。因他们既不思想也不承认，这一切临到他们的福分是出于神的手；或即使他们承认，他们也绝不会在内心默想神的良善。因此，向他们述说神的怜悯就如向禽兽述说一般，因他们与禽兽一样，领受神丰盛的赏赐却不领悟。的确，他们习惯于拒绝神向他们宣告的应许，而因此使自己得到更严厉的报应。因为虽然神应许的果效只在当应许将信心运行在人心里时才表现出来，但人的不信和忘恩负义仍不能抹杀这些应许的力量和真实性。所以，既然主借他的应许呼召人领受他丰盛的仁慈，也劝人思考这丰盛，同时向人彰显他的爱。话说回来，神任何的应许都证明他对人的爱。

然而，无可辩驳的是神在基督之外不爱任何人。"这是我的爱子"（太3：17，17：5），表示父的爱居住在他身上，且爱从他那里浇灌到我们身上，正如保罗所说："恩典是他在爱子里所赐给我们的。"（弗1：6）因此，在基督亲自为我们代求时，神的爱必定临到我们身上。所以使徒在另一处经文中称他为"我们的和睦"（弗2：14）；又在另一处经文中，保罗说基督使我们与神联合，使神以父亲的爱信实地待我们（参阅罗8：3以下）。因此，当神赏赐我们任何的应许时，我们就应当仰望基督。保罗也教导：神一切的应许都在基督里得以确立和应验（罗15：8）。

圣经上的一些事例看起来似乎与此不符。譬如：当叙利亚人乃缦求问先知敬拜神正确的方法时，他很可能没有被教导有关中保的预言，然而，圣经仍称赞他的敬虔（王下5：1—14；路4：27）。哥尼流，一位外邦人并罗马人，几乎不可能领会连犹太人都不十分明白的事，而且根本不明白其中一些。然而，圣经记载他的施舍和祷告仍蒙神悦纳（徒10：31），而且先知的反应也表明乃缦的献祭蒙神悦纳（王下5：17—19），两者唯有借信心才能被神悦纳。同样的道理也能用在腓利所遇见的太监身上，除非他先有神赏赐的信心，否则他不可能费时费钱又艰苦跋涉，为要去敬拜神（徒8：27）。然而，当腓利被问及时，他表现出对中保的无知（徒8：31）。我也承认这两人的信心从某方面来说是隐含的，因为他们不知道基督的位格，也不知道父所交付基督的权柄和职分。同时，我们确定他们至少被教导过一些使他浅尝基督的原则，否则那太监不可能从遥远的地方急于去耶路撒冷敬拜未识之神，而且哥尼流在接受犹太人的信仰后不久，必定很快就熟悉真道最基本的教义。就乃缦而论，既然以利沙详细地教导他，所以若说乃缦对最基本的教义陌生是荒谬的。因此，尽管他们对基督的认识很模糊，但若说他们完全不认识基督是难以置信的，因他们献上律法所吩咐的祭，而且这些献祭所预表的就是基督，使他们与外邦人所献虚妄的祭有别。

圣灵在信徒心中启示真道（33—37）

33. 圣灵使神的真道有效地产生信心

要是我们的心盲和悖逆不拦阻，单单真道的外在证明本就足以产生信心。然而，我们的心本能地喜爱虚妄，以至于无法深信神的真道，而且我们的心迟钝，所以无法看见神真理的光。因此，若无圣灵的光照，神的真道就无能为力。这也证明信心超越人的理解，若圣灵只光照人的心智而没有以大能坚固和扶持人的心，仍是不够的。在这事上，许多经院神学家完全误入歧途。他们认为信心只是理解上的接受，而没有包括心中的确据。信心在这两方面都是神独特的恩赐，神洁净人的心智（mind），想使他能理解真理，也使他的心灵（heart）在这真理上得以坚固。因圣灵不但赏赐信心，也逐渐增加人的信心，直到最后引领我们进入天国。保罗说："从前所交托你的善道，你要靠着那住在我们里面的圣灵牢牢地守着。"（提后1：14）所以，保罗教导神如何借听信福音赏赐圣灵，这是易于理解的（加3：2）。若神只有一种圣灵的恩赐，那么保罗称圣灵为信心的果子就是荒谬的，因他是信心的根源和起因。但既然保罗宣告神用来装备教会和使之完全的恩赐是借着信心逐渐地增加而成就的，那就难怪他说信心预备我们的心并接受这些恩赐！这在人看来的确是悖论性的，因圣经告诉我们，除非神赏赐人信心，人就无法信基督（约6：65）。之所以如此认为，一部分的原因是，他们没有想到天上的智慧是何等隐秘和深奥，或没有考虑到人对于领会神奥秘的事有多迟钝；另一部分的原因是，他们不明白心的坚定不移是信心的重要方面。

34. 唯有圣灵才能引领我们到基督那里

但就如保罗所教导:"除了在人里头的灵,谁知道人的事?像这样,除了神的灵,也没有人知道神的事。"(林前2:11)既然人在今世眼所能见的事上尚且不相信神的真理,那么人如何能坚定地信靠神所应许那些眼不能见和头脑不能明白的事呢?(参阅林前2:9)。但在属灵的事上,人的理解力完全无能为力,因为明白属灵之事的第一步就是弃绝自己的理解力。而人的理解力就如脸上的帕子,拦阻他明白神唯独向婴孩"显出来"的奥秘(太11:25;路10:21)。因为这是属血肉的无法指示的事(太16:17):"然而,属血气的人不领会神圣灵的事",神的真理对他而言反而是"愚拙……因为这些事惟有属灵的人才能看透"(林前2:14)。所以,圣灵的扶持是必需的,甚至需要他的大能才能成就这事。因为没有人知道主的心,也没有人做过他的谋士(罗11:34)。然而,圣灵"参透万事,就是神深奥的事也参透了"(林前2:10)。圣灵使我们"知道基督的心"(林前2:16)。基督说,"若不是差我来的父吸引人,就没有能到我这里来的"(约6:44);"凡听见父之教训又学习的,就到我这里来"(约6:45);"除了神所差遣的那位之外,从来没有人看见神"(约1:18,5:37,经文合并)。所以,既然在圣灵的吸引之外我们无法到基督那里,这就证明圣灵的吸引使人在心智和心灵上超越他从前的理解力。因人在圣灵的光照下,就有某种更新且敏锐的观察力,使他能思考天上的奥秘,即那从前使他瞎眼的荣光。人的理解力因受圣灵的光照,终于能真正领悟属神的事,因他从前的愚钝使他无法领悟。因此,基督虽然清楚地向他的两位门徒解释天国的奥秘（路24：27），他们却仍不明白，直到"他开他们的心窍，使他们能明白圣经"（路24：45）。即使是基督亲自教导使徒，他仍需要差派真道的灵将他们已听过的教义浇灌在他们心里（约16：13）。的确，神的道就如太阳，照耀一切听见的人，但在心盲之人身上却毫无果效。我们所有的人在这方面生来是瞎眼的，因此，神的道无法渗入我们的心，除非圣灵做内心的教师照耀我们，使神的道能进入我们的心。

35. 没有圣灵，人不能信神

我们在前面讨论人与生俱来的败坏时，已详细证明人是多么不能相信神。所以在此我不会重提旧话。只要我们知道保罗称信心——其为圣灵赐给我们，而非我们所本有——为"信心的灵"（林后4：13）就够了。保罗求神在帖撒罗尼迦信徒身上用大能成就他们所羡慕的一切良善和一切信心的工夫（帖后1：11）。保罗在此称信心为"神的工作"，没有用特别的形容词描述这工作，反而恰当地称信心为神所喜悦的。如此，他不但否认人能凭自己生发信心，也进一步说明信心是神大能的表现。在哥林多书信中，保罗陈述信心并不倚靠人的智慧，而是建立在圣灵的大能之上（林前2：4—5）。他所指的的确是眼所能见的神迹，但既然心盲的恶人无法看见这些神迹，所以他所指的也包括圣灵的印记（弗1：13，10：30）。而且神在赏赐这荣耀的恩赐上，为了更丰盛地彰显自己的慷慨，就没有将之赏赐给所有的人，而是只将之赏赐给他所喜悦的人。我们在前面用圣经证明过这一点，奥古斯丁忠实地解释这些经文说："我们的救主为了教导我们信心是神的恩赐而非出于人的功劳，说：'若不是差我来的父吸引人，就没有能到我这里来的'（约6：44），而且这是'蒙我父的恩赐'（约6：65）。然而，奇怪的是，两个人听到真理，一个人藐视，另一个人则重生！藐视的人要担当自己的罪；重生的人不可将功劳归与自己。"奥古斯丁在另一处论述道："为何神将重生之恩赐给这人而不赐给那人呢？我毫不害羞地说：'这是十字架的奥秘。'我们一切所能做的都出于神深奥的计划，我知道我现在所能行的，却不知道我为何能如此行，我只知道这一点：一切都出于神。但为何这人重生，那人却没有？这对我来说太深奥，是十字架奥秘的深渊。我只能惊叹这奥秘，却无法以辩论陈明。"① 综上所述，当基督借着圣灵的大能光照我们并赐给我们信心时，同时也将我们接在他身上，使我们获得各式各样的益处。

36. 信心是内在的

在人的心智接受真理后，信心将之浇灌到人心里去。神的道若只漂浮在人的脑海里，就不是以信心领受真理，因为信心使真理在心里扎根，使人能抵挡仇敌一切的诡计和诱惑。若圣灵的光照等于人心智真正的理解，那么使真理在心里扎根就更彰显圣灵的大能，因为人心里的不信比心智的盲目更严重。而且赏赐人心确据比赐人知识更难。因此圣灵将他说服人相信的应许印记在人心中，使这些应许坚固人。保罗说："你们信了基督，既然信他，就受了所应许的圣灵为印记。"（弗1：13—14）可见保罗教导信徒的心受圣灵印记，也因这缘故称他为"所应许的灵"，因他使我们确信福音。同样地，他也在哥林多书信中说："那……膏我们的就是神。他又用印印了我们，并赐圣灵在我们心里作凭据。"（林后1：21—22）当保罗

---

① Augustine, *Sermons* 131, 2, 3; 165.5（MPL 38.730 905；tr. LF Sermons II 586 f., 839f.）.

在另一处谈到信徒的确信和坦然无惧的盼望时,也说这一切都是建立在圣灵的凭据之上(林后5:5)。

37. 疑惑无法消灭信心

我没有忘记我在前面所教导的,因我们的经验再三提醒我们,信心常受各种疑惑的搅扰,所以敬虔之人的心很少有平静的时候,至少不得常享安宁。然而,不管何种仇敌攻击他们,他们要么从试探的旋涡中兴起,要么在警醒中免于受诱惑。事实上,这确据本身造就和保守信心,只要我们坚信《诗篇》的这段话:"神是我们的避难所,是我们的力量,是我们在患难中随时的帮助。"(诗46:1)《诗篇》另一处也称赞信徒们这甘甜的确据:"我躺下睡觉,我醒着,耶和华都保佑我。"(诗3:5)的确,大卫并不总是处于安宁和喜乐的光景中,然而,他越照神所赐给他的信心经历神的恩典,就越放胆藐视能搅扰他心中平安的一切。因这缘故,当圣经劝我们要有信心时,同时也吩咐我们要安静。以赛亚说:"你们得力在乎平静安稳。"(赛30:15)大卫说:"你当默然倚靠耶和华,耐性等候他。"(诗37:7)与这些经文相似的是使徒在《希伯来书》中的这句话:"你们必须忍耐。"(来10:36)

(以下删节了38—40节)

信心与盼望和爱彼此间的关系(41—43)

41.《希伯来书》11:1 对信心的教导

神的应许是信心唯一正确的根基,也是对信心的性质最明确的描述。因此,若夺去应许,信心将立刻被摧毁或消失。我们对信心的定义来自信心与神应许密切的关系。并且，我们的定义与使徒的定义（或他对信心的描述）并无分别。他教导说："信就是所望之事的实底，是未见之事的确据。"（来11：1）他在此用的 hypostasis（实底）一词表示敬虔之人所依靠的某种支柱，就如在说信心等于确实和安全地握有神所应许我们的一切，除非有人宁可将 hypostasis 理解为确信。我并不反对如此理解，虽然我所接受的是信徒们更为普遍接受的定义。另一方面，保罗也有意指出，甚至到末日，当案卷展开时（但7：10），关于救恩的事也是我们的感官无法测透的，何况在今世，我们拥有这些属灵之事唯一的方式就是超越一切感官的限制并仰望来世。所以他接着说，拥有属灵之事的确据是我们所盼望的，因此是眼不能见的。就如保罗所说："只是所见的盼望不是盼望，谁还盼望他所见的呢？"（罗8：24）当他称信心为"确据"，或根据奥古斯丁的翻译，① 称作"确信现今尚没有的事"［在希腊文中"确信"一词是 ελεγχος（来11：1）］时，他的意思是，信心是未曾显明之事的证据，对于未曾看见之事的看见，对于模糊之事的明白，拥有现今所没有的，对于隐藏之事的领悟。神的奥秘——特别是关于我们救恩的奥秘，这些事情的本质是人无法测透的，或从另一个角度来看，人无法理解它们的性质。我们只能从神的话语中领悟这些事情，而且，我们应当确信神话语的真实性，甚至视神一切所说的为已发生或已应验。

信心和爱

然而，人如何能尝到神良善的滋味，而不同时想要热切地回报

---

① Augustine, *John's Gospel*, 129, 1; 45. 2（MPL 35. 1837, 1872; tr. NPNF Ⅶ. 342, 369）; *On the Merits and Remission of Sins* Ⅱ. 31. 50（MPL 44. 181; tr. NPNF V. 43）.

神对他的爱呢？的确，只要人知道神所积蓄给一切敬畏他之人的丰盛的甘甜，就必定大为感动，而且在受感动之后，这甘甜与喜乐充满他的心并有效地吸引他。因此，邪恶败坏的人从未经历过感激神的情感，即那使我们享受神隐藏的宝藏并引领我们到神国度之至圣所的情感，因神的国不容不圣洁之人进入而使之受玷污。

经院神学家的教导，即爱先于信心和盼望，不过是痴人说梦，因为是信心首先在人心里产生爱。伯尔纳说得更为确切："我相信良心的见证，就是保罗所说敬虔之人所夸耀的（林后1∶12），包含三件事情。首先，人必须相信在神的怜悯之外他无法得赦免。其次，除非神赏赐，否则人无法行善。最后，人无法靠自己的功德配得永生，除非这功德也是神赏赐的。"随后他还说："这些仍不够，它们只是信心的起始，因为当我们相信唯有神才能赦罪时，我们必须同时相信，除非我们确信圣灵见证他已为我们预备救恩，否则我们的罪就仍未被赦免；而且，我们也必须相信，既然神赦罪、赏赐功德，并奖赏人，我们就不可在这起点上驻足不前。"① 我们将在恰当的地方详细讨论这些事和与此相关的事情，我们现在只要讨论何为信心就够了。

42. 信心和盼望是密不可分的

然而，若有这活泼的信心，就必有永恒救恩的盼望，因它们是密不可分的；或更清楚地说，这信心产生盼望。若这盼望被夺去，无论我们如何高谈阔论自己的信心，这信心根本就不存在。因为，

---

① Bernard, *On the Feast of the Annunciation of the Blessed Virgin* 1.1, 3（MPL 183.383 f.；tr. *St. Bernard's Sermons for the Seasons*, by a priest of Mount Melleray III. 137）.

若信心就如以上所说，是确信神的真理——这真理不会说谎，也不会欺哄我们或落空——那么，那些已领会这确信的人丝毫不会怀疑神的应许将应验，因他们深信神的应许不会落空。简言之，盼望就是等候信心所相信的神的应许应验。因此，信心相信神是信实的，盼望等候神的真理显明；信心相信神是我们的父，盼望期待神必将永远显明他是我们的父；信心相信神已将永生赐给我们，盼望则期望这永生必将显明；信心是盼望所依靠的根基，盼望则滋养和扶持信心。就如唯有相信神应许的人才会盼望神的赏赐，同样地，信心的软弱必须被耐心的盼望和期待扶持和滋养，免得衰残消失。所以，保罗说我们的救恩在乎盼望（罗8：24）。当盼望安静地等候神时，这盼望同时约束信心，免得信心因过于急躁而跌倒。盼望使信心刚强，免得它在神的应许中动摇，或开始怀疑这些应许的真实性。盼望更新信心，免得信心变得疲乏无力。盼望扶持信心到底，免得信心半途而废，或甚至在开始就跌倒。简言之，因盼望不断地更新信心，所以就持续赏赐信心坚忍到底的力量。

　　而且，只要我们考虑那些接受神真道之人受到众多诱惑的击打，我们就更能明白盼望的扶持对于坚固信心在多方面来说是必需的。首先，神有时借延迟他的应许，使我们等候比我们所期待更长的时间。先知在此描述盼望的功用："虽然迟延，还要等候。"（哈2：3）神有时不但容许我们衰微，有时甚至公开地向我们发怒，在这种情况下，盼望成为我们极大的帮助，使我们如另一位先知所说："等候那掩面不顾雅各家的耶和华。"（赛8：17）也正如彼得所说（彼后3：3），好讥诮的人也要兴起质问道："主要降临的应许在哪里呢？因为从列祖睡了以来，万物与起初创造的时候仍是一样。"（彼后3：4）的确，肉体和世界也同样在我们耳边私语，所以我们必须以忍耐的盼望扶持我们的信心并默想永恒,视千年如同一日(诗90：4；彼后3：8)。

43. 信心和盼望有同样的根基：神的怜悯

因"信心"和"盼望"有如此密切的关系,圣经有时交替使用这两个词。当彼得教导神的大能借信心保守我们直到蒙救恩时(彼前1：5),他所说的信心与盼望的含义相似。这并非不合理,因我们以上教导过,盼望就是信心的扶持和力量。

有时在同一书信中,它们紧密地联系在一起："你们的信心和盼望都在于神"(彼前1：21)。而在《腓立比书》中,保罗教导等候由盼望而生,借着耐心的等候,我们压制自己的私欲,直到神所预定的时间来临(腓1：20)。《希伯来书》11章的教导能帮助我们更清楚明白这教义,并且我已引用过这经文(第一节)。保罗在另一处经文中虽然不是专指这事,但含义却相同："我们靠着圣灵,凭着信心,等候所盼望的义。"(加5：5)这就是因为我们相信福音关于神白白的爱的见证,而盼望神公开应验如今仍隐藏的应许。

显然,彼得·伦巴德所杜撰的盼望有两个根基(神的恩典和人的功德)是极为愚昧的。因为盼望与信心最终的目标是一致的。而且,我们在前面已清楚地解释信心唯一所仰望的是神的怜悯,且盼望也当专心仰赖这怜悯。然而,伦巴德如此说的缘由或许值得一提："你若敢在功德之外盼望什么,这不应当被称为'盼望'而当被称为'擅敢行事'。"亲爱的读者们,我们厌恶这些禽兽难道不是正当的吗?因为他们教导：相信神是信实的就是轻率和任意妄为。虽然神喜悦我们等候出于他良善的一切福分,他们却说依靠这良善是任意妄为。伦巴德的确是大师,难怪会在充满争辩的疯人学院中发现众多这类的学生！但就我而论，当神的话语吩咐我们罪人要盼望救恩时，我们就应当乐意相信这真理，也当唯独依靠神的怜悯，而弃绝自己的功德，坦然无惧地等候这救恩。如此，那说"照着你们的信给你们成全了"的那位必不会欺哄我们（太9：29）。

第二章　信心中的悔改①

悔改是信心的结果：讨论某些关于这教义的谬论（1—4）

1. 悔改是信心的结果

虽然我们以上教导过信心得着基督，我们也借这信心享受基督所赐给我们的福分。然而，除非我们进一步解释信心在我们经历中所产生的结果，否则这教义仍不完全。圣经教导我们，福音的总纲在于悔改和赦罪，不是没有理由的（路24：47；徒5：31）。那么任何对信心的讨论若忽略这两者，就是虚空和残缺不全，对我们也毫无用处。悔改和赦罪——就是新生命和与神白白和好——都是基督赐给我们的，且两者也都是借信心领受，因此，就理智和教导的次序而言，我都需要讨论这两个术语。首先，我们当下要讨论的是信心与悔改之间的关系。因为若我们正确地了解这关系，就更能清楚地明白人如何唯独借着信心和赦免称义，同时，圣洁的生活又与神白白称人为义不可分离。我们应当毫无争议地相信，悔改不但是随着信心而来，也是信心所产生的。既然福音宣讲带给人罪得赦免，

---

① 《基督教要义》第三卷第三章，"借着信心重生：悔改"。

好让罪人因脱离撒旦的权势、罪的轭,以及恶行的捆绑,就被迁到神的国里,所以,的确没有人能领受福音的恩典,而不离弃从前邪恶的生活,走上正直的道路,竭尽全力地操练向神悔改。然而,有一些人以为悔改先于信心,而不是来自于信心或是信心所结的果子。这种人从未经历到悔改的力量,他们的辩论也是肤浅的。

2. 悔改建立在信心所领受的福音根基上

他们说:基督和施洗约翰在他们的传道中先劝人悔改,之后才宣告神的国近了(太3:2,4:17)。这是主吩咐使徒们所要传讲的信息,而且,根据路加的记载,这也是保罗传讲的次序(徒20:21)。我们的论敌迷信地抓住字面上的次序,却忽略了这些字句整体的含义。因为虽然主基督和施洗约翰传讲说"天国近了,你们应当悔改"(太3:2),难道他们会不晓得人之所以悔改是出于恩典本身和救恩的应许吗?所以,这话的意思也是如此,就如他们说:"既然神的国近了,你们就当悔改。"因为在马太的叙述中,约翰也是如此传道,教导说以赛亚的预言在他身上应验了:"在旷野有人声喊着说:预备主的道,修直他的路!"(太3:3;赛40:3)先知以赛亚的预言是以安慰和福音作为开场白(赛40:1—2)。当我们说悔改来自信心时,我们的意思并不是说信心需要一段时间才能生出悔改,我们的意思反而是,除非人知道自己是属神的,否则他不可能认真地向神悔改。然而,除非人先明白神的恩典,否则他就不会深信他属于神,随后我将更清楚地讨论这些问题。

有些人被误导,因他们看见许多人在认识或品尝到恩典之前,良心先感到不安而被迫顺服神。这类最初的惧怕被某些神学家视为美德之一,因他们认为这是真顺服的一部分。然而,我们在此讨论的并不是基督如何吸引人归向他，或如何预备人追求敬虔。我在此的意思是，除非神交给基督使他能与各肢体交通的圣灵在人心做王，否则人仍然是不正直的。其次，根据《诗篇》所言"但在你有赦免之恩，要叫人敬畏你"的这句话（诗130：4），除非人相信神先前对他的愤怒已平息，否则他不会敬畏神。没有人会甘心乐意地约束自己顺服律法，除非他深信神喜悦他的顺服。神对我们的宽容和赦罪，证明他父亲般的爱。何西阿的劝诫也证明这一点："来吧，我们归向耶和华！他撕裂我们，也必医治；他打伤我们，也必缠裹。"（何6：1）神加上赦罪的盼望激励人，免得人沉醉于他们的罪孽。但某些人疯狂地教导，罪人当从悔改开始，也吩咐初入教的人在某些日子行补赎礼，并在这些日子结束之后，才能接受他们蒙福音的恩典。我所指的是许多重洗派，尤其是那些以被视为高度属灵为傲的人以及他们的同党——耶稣会士（Jesuits），还有与之同类的渣滓。显然，这肤浅的教导所结的果子是，他们将基督徒一生都当进行的悔改只局限在几天之内。

3. 治死罪和得慰藉

然而，某些对补赎礼熟悉的人，在很久以前就有意单纯、真诚地按照圣经教导说，补赎礼包含两个部分——治死罪和得慰藉。他们将治死罪解释为，因意识到自己的罪和神的审判而产生灵魂的忧伤和惧怕。因当人开始真正认识罪时，他就在那时开始真正地厌恶罪。他从心底对自己不满，承认自己是可悲和失丧的人，并渴望重新做人。此外，当他对神的审判有任何知觉时（因意识到神的审判必伴有对自己的不满），他受击打以至于崩溃，他因被降卑和沮丧而颤抖，他变得灰心，至终绝望。这是悔改的第一步，通常被称为

"痛悔"。他们视"慰藉"为信心所产生的安慰。也就是说，当一个人深深地知罪、畏惧神，并仰望神的良善——神在基督里的怜悯、恩典和救恩——他就会重新振奋并获得勇气，就如出死入生那般。他们所说的这一切，只要我们正确地解释，就能明确表达悔改的含义，只是他们将"慰藉"解释为人心在受搅扰和惧怕平息之后的快乐，这我并不赞同。"慰藉"的含义反而是，渴慕过圣洁和忠心服侍神的日子，而且这渴慕来自于重生，就如人向自己死，为了要开始向神而活。

4. 在律法和福音之下的悔改

另外有些人因看到这个词在圣经上不同的含义便提出了两种悔改。为了分辨这两者，他们称其中一种为"律法之下的悔改"。借着这悔改，罪人尽管因被深深的知罪刺痛并惧怕受神烈怒的击打，但仍在这困境中无法自拔；他们称另一种悔改为"福音之下的悔改"。在这悔改之中，罪人也一样痛苦地受击打，但他却胜过它，并投靠基督作为他惧怕时的安慰和痛苦时的避难所，作为医治他伤口的良药。他们以该隐（创4：13）、扫罗（撒上15：30）和犹大（太27：4）作为"律法之下悔改"的例子。然而，圣经对这三人悔改的记载是：他们承认自己罪的严重性，并惧怕神的愤怒，但既然他们只将神视为报应者和审判官，这种想法就占据了他们的心。如此，他们的悔改只是某种引他们进入地狱的通道。他们在今生已走上这道，并已开始承受神的威严所发的烈怒。我们在那些被犯罪的毒钩刺痛后，醒悟信靠神的怜悯并被更新，而至终归向主的人身上看到"福音之下的悔改"。当希西家王得知他即将死亡时，他颤栗不已，但他流泪祈祷，并因仰望神的良善就重新获得信心（王下20：2；赛38：

2)。当尼尼微人听到他们即将被灭的警告时,便惊慌不安,但他们披麻蒙灰祷告,期望神转离他的烈怒并赦免他们(拿3:5、9)。大卫承认他在数点百姓的事上犯了大罪,但他求告神说:"耶和华啊,求你除掉仆人的罪孽。"(撒下24:10)当拿单斥责大卫时,他承认自己犯了奸淫罪,并仆倒在神面前,等候赦免(撒下12:13、16)。那些因听彼得讲道而感到扎心的人也有同样悔改的表现,他们因信靠神的良善,接着说:"弟兄们,我们当怎样行?"(徒2:37)彼得自己也有同样的悔改,他的确痛哭(太26:75;路22:62),但他没有停止仰望神。

悔改的定义:解释悔改、治死肉体及圣灵与慰藉(5—9)

5. 悔改的定义

虽然以上所说的都符合圣经的教导,然而据我查考圣经,"悔改"一词的含义却非如此。因他们将信心包括在悔改之下,与保罗在《使徒行传》中所说的有冲突:"又对犹太人和希腊人证明当向神悔改,信靠我主耶稣基督。"(徒20:21)保罗在此处经文中将悔改和信心视为两回事。那么,难道真悔改能在信心之外存在吗?绝不可能。然而,尽管它们是互相牵连的,我们仍要对它们加以分辨,就如信心与盼望密不可分,但信心和盼望却不相同;同样地,虽然悔改和信心是紧密相关的,但我们也不可将它们混为一谈。

其实,我也知道"悔改"包括人归信神的整个过程,而且信心是归信的主要部分,然而,我们将在恰当的时候更详细地解释这一点。在希伯来文中,"悔改"的原意是归信或回转;希腊文的原意则是改变心思或意图。悔改本身对应这两种词源含义，即离弃自己并归向神，离开从前的意念，穿上新的意念。故我们能这样对悔改下定义：悔改就是我们的生命真正地归向神，这归向出于对神纯洁、真诚的畏惧；悔改也包括治死自己的肉体和旧人，以及得着圣灵的慰藉。

我们必须如此理解所有旧约先知和新约使徒关于悔改的劝诫。他们对自己听众唯一的要求是：要因自己的罪感到懊悔，并因惧怕神的审判就虚己地跪在他们所冒犯之神的面前，并以真正悔改的心归向真道。所以这些词以同样的意义被交替使用："当归向神"、"当悔改"（太3：2）。圣经记载，那些从前放纵私欲、不理会神的人，当他们开始顺服他的真道（撒上7：2—3），并愿意听从他们元首一切的吩咐时，就是"一心归顺耶和华"。当约翰和保罗吩咐说要"行事与悔改的心相称"（路3：8；徒26：20；参阅罗6：4）时，他们就是在劝人过悔改的生活——行事为人与此相称。

6. 悔改是归向神

然而，在我们继续讨论之前，更清楚地解释我们所下的定义是有帮助的。我们当从三方面查考悔改。首先，当我们将之称为"一心归向神"时，我们指的不只是外在行为的转变，也包括灵魂本身的转变。只有当人脱去原来的本性，他才能结出与他的重生相称的善果。旧约中的先知在有意表达这种转变时，劝他所吩咐要悔改的人为自己做新心（结18：31）。当摩西教导以色列人如何悔改、归向耶和华时，也常常吩咐他们当"尽心"和"尽性"（申6：5，10：12，30：2、6、10），其他先知也经常如此重复（耶24：7）。当摩西将之称为"心里的割礼"时，表示悔改包括内心的情感（申10：

16，30：6）。然而，没有一处经文比《耶利米书》第四章更清楚地揭示悔改的含义："要开垦你们的荒地，不要撒种在荆棘中。犹太人和耶路撒冷的居民哪，你们当自行割礼归耶和华，将心里的污秽除掉。"（耶4：1、3—4）他在此宣告，除非以色列百姓先除掉内心的邪恶，否则追求行义也无济于事。耶利米为了使以色列百姓一心回转，他警告他们将要面对的是神自己，且心怀二意对他们毫无益处，因神恨恶心怀二意的人（参阅雅1：8）。因此，以赛亚也嘲讽假冒为善之人的愚昧，因他们在仪式上积极寻求外在的悔改，却不愿减轻压在穷人身上的重担（赛58：6）。他在这经文中也巧妙地描述了无伪的悔改包括怎样的行为。

7. 畏惧神能产生悔改吗？

其次，我们要解释我们以上所说的悔改来自对神真诚的畏惧。在罪人开始悔改之前，他必定先因思想到神的审判而醒悟。当人深深地感受到，总有一天神必定登上他的审判台，要求人对自己一切的言行交账，这可悲之人内心就不再有片刻的宁静或喘息的机会，而将不断设法在神审判台前站立得住。因此，圣经时常在劝人悔改时，同时也提到神的审判，就如耶利米的预言："恐怕我的愤怒因你们的恶行发作，如火着起，甚至无人能以熄灭！"（耶4：4）以及保罗对雅典人的讲道："世人蒙昧无知的时候，神并不鉴察，如今却盼咐各处的人都要悔改。因为他已经定了日子，要借着他所设立的人按公义审判天下。"（徒17：30—31）此外还有许多其他的经文。

圣经有时用人从前所受的刑罚来宣告神是审判官，为要提醒罪人，除非他们趁早悔改，否则必将遭受更重的刑罚，《申命记》第二十九章中有一个例子（申29：19）。既然归正始于对犯罪的恐惧和恨恶,所以,保罗称"依着神的意思忧愁"为悔改的起因(林后7：10)。当我们不但恨恶受惩罚也憎恶罪恶本身,因知道罪恶不讨神喜悦时,保罗称此为"依着神的意思忧愁",这并不奇怪！除非我们深深地被刺痛,否则我们必不会离弃肉体的懒惰。事实上,这样的刺痛并不足以制伏我们的迟钝和愚昧,除非神用他的杖更沉重地击打我们,因人心顽梗必须用大锤击打。我们与生俱来的败坏迫使神严厉地威吓我们,因神若温和地吸引那些沉睡之人是徒然的。我无须过多列举圣经上关于这教导的经文。另外还有一个原因能说明为何畏惧神是悔改的开端。因即使人拥有一切的美德,但若不是用来敬拜神,即使受世人称赞,神却视之为可憎恶的,因为行义的主要目的是要将尊荣和神所应得的一切归给他,但我们若不顺从神的治理,就是窃取他所应得的荣耀。

8. 治死罪和得慰藉是组成悔改的两个部分

最后,我们要解释以上所说的悔改包含两个方面：治死肉体和得圣灵所赏赐的慰藉。众先知都明确地陈述过这一点——尽管是间接和朴实的,并屈就世俗之人的理解力——他们说当离恶行善(诗36：8、3,37：27,经文合并,武加大译本),以及"你们要洗濯、自洁,从我眼前除掉你们的恶行；要止住作恶,学习行善,寻求公平,解救受欺压的"(赛1：16—17)。当先知吩咐人离弃罪恶时,他们要求的是弃绝整个肉体,因肉体充满邪恶和败坏。然而,脱去旧人并离弃自己与生俱来的性情是非常艰难的事。而且,除非我们离弃自己所有的一切,否则我们没有根据认为自己已完全弃绝了肉体。既然一切属血气的性情与神为仇(参阅罗8：7),所以我们顺服神律法的第一步乃是要否定自己的本性。之后,先知们以悔改所结出的果实描述重生，即义行、属灵的判断力以及好怜悯。然而，除非人心先愿意行义并从属灵的观点判断和怜悯人，否则尽这些本分仍是不够的。这愿意的心来自圣灵，使我们的灵魂成为圣洁，赏赐我们新的思想和情感，如此，我们才能正当地被称为新造的人。既然我们生来就远离神，所以，除非先自我否定，否则我们就永不可能行义。因此，圣经时常吩咐我们要脱去旧人，弃绝世界和肉体，离弃我们一切的恶欲，并将心志改换一新（弗4：22—23）。事实上，"治死"这个词本身提醒我们离弃以前的本性是何等艰难的事。因为"治死"一词暗示我们不是敬畏神的人，而且除非圣灵的刀剑猛烈地击杀我们，使我们成为虚无，否则我们就不会敬畏神和学习敬虔。就如神宣告，我们生来的本性必须被治死，我们才能被称为他的儿女！

9. 在基督里重生！

治死罪和得慰藉都是因我们在基督里有分而临到我们，因我们若真在他的死上有分，"我们的旧人和他同钉十字架，使罪身灭绝"（罗6：6），我们与生俱来的败坏将不再做王；若我们在基督的复活上有分，这复活将使我们一举一动有新生的样式，并效法神自己的义。简言之，我将悔改解释为重生，因重生唯一的目的乃是要人重新获得神的形象，这形象因亚当的堕落而被扭曲并几乎被毁坏。因而使徒教导说："我们众人既然敞着脸得以看见主的荣光，好像从镜子里返照，就变成主的形状，荣上加荣，如同从主的灵变成的。"（林后3：18）也在另一处经文中教导说："又要将你们的心志改换一新，并且穿上新人，这新人是照着神的形象造的，有真理的仁义和圣洁"（弗4：23—24）；"穿上了新人，这新人在知识上渐渐更新，正如造他主的形象"（西3：10）。因此，我们借这重生靠基督的恩重新获得神的义，就是我们在亚当里所丧失的义。神喜悦以这方式完全更新他一切所拣选得永远基业的人。并且这更新不是一时一日或一年所发生的，而是神通过持续不断甚至有时缓慢的过程除掉他选民身上一切的败坏，洗净他们的罪，将他们分别为圣，使他们做他的圣殿，使他们意念更新成为真圣洁，使他们一生一世向神悔改，并使他们知道这场战争唯有在他们离开世界后才得以结束。这就更显明那污秽、好争辩、背道的史塔菲路斯（Staphylus）心里的败坏，因他胡诌说，当我根据保罗的话解释神的形象（林后4：4）为"真理的仁义和圣洁"（参阅弗4：24）时，我是在将天上的荣耀与今生的光景混为一谈。就好像当我们对某事下定义时，提及它的精义是不恰当的。我在此并不是否定基督徒对成长的需要，而是说，人越接近神的形象，神的形象就越在人身上被彰显出来。为了使信徒达到这目标，神吩咐他们一生过悔改的生活。

信徒经历成圣，今生却不会到无罪的完美地步（10—15）

10. 信徒仍是罪人

如此看来，神的儿女借着重生就从罪恶的权势下得释放。然而，这释放并不表示他们不再受肉体的引诱。他们会在心里继续经历与罪争战，不仅使他们经受磨炼，也使他们更确知自己的软弱。所有最有分辨力的解经家都赞同，重生之人仍有罪的余烬在他们里面燃烧，并不断产生引诱信徒犯罪的私欲。他们也承认圣徒仍然受情欲恶魔如此的捆绑，甚至有时被情欲、贪婪、野心或其他的罪引诱。我们也无须过于费时查考古时的神学家对此的看法，我们只需要留意奥古斯丁的观点，因他忠实殷勤地搜集了所有古时神学家们的观点。所以，读者们能从他那里明白得知古时神学家们对此问题的看法。

然而，我和奥古斯丁对此的观点有所不同。他相信只要信徒仍在世上，就会被无节制的欲望捆绑，以致无力从中摆脱。但他不敢称此为"罪"，而只使用"软弱"这个词来称呼它。他教导说，只有当人赞同之或将之行出时，也就是说，当人的意志屈从这强烈的倾向时，它才成为罪。我反而主张，当人被任何反对神律法的欲望抓住时，这就是罪。事实上，我们将那在人心里产生这类欲望的堕落称为"罪"，因此我们教导：在圣徒脱去这必死的身体之前，他们仍旧会犯罪，因在他们的肉体中常有那与公义争战的私欲。甚至奥古斯丁自己有时也将之称为罪！他说："保罗称那属肉体产生一切罪恶的欲望为'罪'。就圣徒而论，这罪在世上不再统治他们，到了天堂就完全摆脱这罪。"他的这番话承认，信徒们受制于肉体的欲望就是犯罪。

11. 在信徒身上，罪丧失了它的统治权，但它却仍居住在他们身上

圣经记载神洁净他教会一切的罪，他借着洗礼应许教会得释放之恩，并使之在选民身上应验（弗5：26—27）。这话所指的是罪责（guilt of sin），而不是罪本身（substance of sin）。神实践这一点是借着重生他自己的百姓，使罪不再在他们身上做王，因为圣灵赏赐他们征服罪恶的力量，使他们在争战中得胜。然而，罪只是停止做王，却没有离开他们。因此我们说，旧人和基督同钉十字架（罗6：6），而且罪的律（参阅罗8：2）在神儿女们身上被废去了，却仍有一些

残迹，这罪的残迹不再统治他们，而是要使他们因意识到自己的软弱而谦卑。我们也承认，罪的残迹并非只是算在他们中，仿佛其不存在一样；而是神出于他的怜悯如此行，让圣徒虽然仍是罪人并服在神的审判之下，神却救他们脱离这罪责。要证实这观点并不困难，因这是圣经明确的教导。难道有比保罗在《罗马书》第七章中的教导更清楚的见证吗？首先，保罗在那里描述重生之人的经验（罗7：6）。我们在以上已证明过这一点，并且奥古斯丁也以无懈可击的推论证明了这一点。我略过不提保罗在这经文中如何使用"恶"和"罪"这两个字，即使我们的论敌想用这两个字攻击我们。谁会否认反对神的律法是邪恶的？谁会否认拦阻人行义是罪呢？总之，谁不会承认属灵的悲惨包含罪责？然而，这一切都是保罗在经文中对罪的描述。

此外，旧约中的律法也能帮助我们了解这一点，因神的律法吩咐我们"尽心、尽性、尽意、尽力爱神"（申6：5；太22：37）。既然我们的整个灵魂都应当充满对神的爱，我们确信，只要在人心里有丝毫引诱他偏离爱神归向虚妄的倾向，他就没有遵守这诫命。这该如何解释呢？情感突发的驱使、感官的感受、心智的思想，难道这一切不是灵魂的机能吗？既然这些机能容许虚妄和罪恶，难道不就证明人缺乏对神的爱吗？因此，人若不承认一切属肉体的私欲是罪，只认为那被称为"刺激"的无节制欲望的病本身是罪的源头，就是在否认违背律法是罪。

12. 何谓"与生俱来的败坏"

也许对一些人而言，这种观点是荒谬的：人与生俱来的一切欲望都完全被神咒诅，尽管它们是造物主神亲自赏赐的。我的答复是，我们所斥责的并不是神造人时赐给人的与人受造时本性分不开的欲望，而是斥责那些大胆、不受约束、抵挡神管理的冲动。人一切的机能因本性的堕落都已受损，甚至他一切的行为都受混乱和不节制的影响。而且，既然人的欲望与这光景分不开，因此，我们推论这些欲望都是邪恶的。简言之，我们教导，人一切的欲望都是邪恶的，也因此都是罪，这并不是因为它们是与生俱来的，而是因为它们不在神所指定的范围之内。此外，我们说人的欲望超过神的范围，是因为没有任何纯洁或真诚的欲望能出于败坏、污秽的本性。虽然这教导表面上似乎与奥古斯丁的大为不同，实际上却非如此。他是因过于惧怕帕拉纠主义者对他的羞辱，所以有时避免使用"罪"这个词。然而当他写道，罪的律仍在圣徒身上，只是罪责已被免除时，就清楚地证明他的观点与我们的并非不一致。

13. 奥古斯丁见证信徒仍有罪

我们也要引用他其余的陈述，为要更清楚他的立场。在《驳朱利安》（*Against Julian*）的第二卷中，他说："罪的律一方面因属灵的重生而被免除，另一方面仍存在于圣徒的肉体之中。罪的律被免除乃是因神在重生信徒时免除了罪责，但它仍留在人身上，因它激动与信徒作战的私欲。"他也说："所以，罪的律也在大使徒保罗身上，虽然这罪在受洗时得赦免，却仍在他身上。"又说："安波罗修将罪的律称为'罪孽'（iniquity），他认为罪责虽在受洗时被免除，但罪本身却被存留下来，因情欲与圣灵相争是罪孽。"（加5：17）以及"罪在它从前所辖制我们的罪责上已失效，虽然是死的，但在人入土归天前，它仍旧搅扰我们"。第五卷中对此的论述更为明确："心盲同时是罪、罪的刑罚和罪的起因。它是罪，因它使人不信神；

它是罪的刑罚,因神用它来惩罚骄傲的人;它是罪的起因,因盲目的心导致人犯罪。同样地,肉体的私欲,即圣灵所抵挡的,也同时是罪、罪的刑罚和罪的起因。它是罪,因私欲本身违背理性在人身上的统治;它是罪的刑罚,因它是不顺从神之人所应得的报应;它是罪的起因,因人的悖逆和本性借着私欲犯罪。"① 他在此毫不含糊地将之称为罪,因为他在此已反驳了帕拉纠的异端,并证实了纯正的教义,就不再畏惧人的毁谤。同样地,他在《约翰福音》注释中,根据他的理解无可辩驳地论述道:你的肉体若顺服罪的律,你就当听从使徒的吩咐,"不要容罪在你们必死的身上作王,使你们顺从身子的私欲"(罗6:12)。他并没有说"不要容它存在",乃说"不要容它作王"。只要你活着,罪就必活在你的肢体内,但你至少可夺去它的王权,不再听从它的驱使。那些宣称私欲不是罪的人经常引用雅各的这句话支持他们的观点:"私欲既怀了胎就生出罪来。"(雅1:15)然而,我们能毫不费力地驳倒这一点。因为,除非雅各指的是恶行或罪行,否则连恶念我们都不可称为罪。但既然他称可耻和邪恶的行为是"私欲所怀的胎",并以"罪"这个词称呼它们,所以,私欲就是神所咒诅的恶事。

14. 反驳圣徒完全无罪的幻想

当今某些重洗派臆想出某种疯狂的无度取代了灵魂的重生。他们宣称,神的儿女们因已恢复无罪的光景,就无须治死肉体的私欲,只要随从圣灵的引领,在他的带领下就永不会迷失。若不是他们公开狂傲地喧嚷这教义,我们会认为任何人相信此是不可思议的。他

---

① Ambrose, *On Isaac or the Soul*, 8.65 (MPL 14.553; CSEL 32.688); Augustine, *Against Julian* II. 932; V.3.8 (MPL 44.696, 787; tr. FC 35.95, 247ff.).

们的教义确实是古怪的！因此，那些说服自己将神的真理变为虚谎的人，因他们大胆的亵渎，受这刑罚是应该的。难道人不需要在诚实或虚谎、义或不义、良善或邪恶、美德与恶行之间做选择吗？他们说："诸如此类的选择都来自旧亚当的咒诅，而基督已救我们脱离了这咒诅。"如此，淫乱和贞洁、诚实和虚谎、公平的交易和勒索就无两样。重洗派也说："当除掉虚妄的畏惧，圣灵绝不至吩咐你作恶，只要你坦然无惧地将自己交付在他的引领之下。"难道人不应当对这可怕的教导感到震惊吗？然而，对于那些被疯狂的情欲蒙蔽和丧失理智的人而言，这是极受欢迎的神学。

但请问他们为我们捏造的是怎样的基督呢？他们所妄论的又是怎样的圣灵呢？我们所相信的基督和他的圣灵是一致的，就是众先知所教导和福音所宣告的，而且这位基督并没有教导我们论敌的那一套。圣经所启示的圣灵并不支持人谋杀、淫乱、酗酒、骄傲、纷争、贪婪或欺哄；他反而使人结出爱、谦卑、冷静、温和、平安、节制和真理的果子。圣灵并不轻浮——叫人不假思索地冲动行事——反而叫人有悟性，理智地辨别是非。圣灵必不会激发人放荡淫乱，他反而使人辨别合乎或不合乎律法的事，教导人节制和仁爱。我们何必再多费力气反驳这禽兽般的疯狂呢？就基督徒而论，神的灵并不是他们自己所幻想或别人所捏造的异象，他们反而从圣经上迫切地寻求关于圣灵的知识。圣经教导两件关于圣灵的事：第一，神为了使我们成圣赐下圣灵，洁净我们的污秽，使我们顺服神的义。然而，我们若不约束这些人要我们放纵的私欲，就无法顺服神的义。第二，虽然圣灵成圣的工作洁净我们，但因我们仍在肉身之内，仍受许多罪恶和自己软弱的攻击。所以，既然人是如此地远离完全，就必须坚定不移地奋进，天天与纠缠我们的罪恶争战。因此我们必须脱去自己的懒惰和草率，并保持警醒，免得不知不觉地被肉体的诡计所征服。除非我们自信自己比使徒保罗更长进，因他仍被撒旦的使者搅扰（林后12：7）。神的能力因此在这使徒的软弱上更显得完全（林后12：9），我们也能在保罗身上清楚地看见肉体和灵魂真实的争战（参阅罗7：6及以下）。

15. 《哥林多后书》7：11中对悔改的教导

保罗在对悔改的描述中列举出七个起因、结果或部分是有理由的。这七个起因是殷勤、自诉、自恨、恐惧、想念、热心、责罚（林后7：11）。我不做这些应当称为起因或结果的判断，不应当引以为奇怪，因为这两种称呼都有充分的根据。我们也能称它们为伴随悔改的情感，然而，即使我们将这些问题放在一边，也仍能明白保罗的含义，因此我们只要简洁地解释这经文。

保罗说："依着神的意思忧愁，就生出懊悔来"（林后7：10），从此就生出何等的殷勤。若有人因得罪神而深感对自己不满，他同时被驱使更加警醒，免得自己落入魔鬼的陷阱，从而偏离圣灵的引领，或开始感到自我满足。

接下来是"自诉"，这并不表示罪人为了逃脱神的审判或否认他得罪神或为自己的罪找借口；反而指的是罪人寻求洁净，所以他求告神的赦免，而不是自以为义。就如毫不顽梗的儿女承认自己的罪，恳求父母的饶恕，并为了得赦免就尽力证明他们并没有对父母不敬。简言之，他们自诉并不是为了证明自己的正直和无辜，而只是为了得赦免。接下来是"自责"，就是罪人在内心叹息、责怪自己，并对自己愤恨，承认自己的邪恶和对神的忘恩负义。

"惧怕"在此的意思是，我们同时考虑到自己所应得的，以及神对罪人严厉可怕的愤怒。如此，我们内心必定极为不安，这不安教导我们谦卑，并使我们更为警醒。若我们前面所提到的殷勤是出于这惧怕，可见这两者关系之密切。

我深信保罗用"想念"表明努力地尽自己的本分和乐意顺服，这也是知罪所产生的结果。这也与"热心"有关，因它表示神刺激罪人所产生的结果。他自问我犯了怎样的罪？若神没有发怜悯，我将会得到何等的报应？

最后是"责罚"。因我们对自己越严厉，就越详细地省察自己的罪，我们因此越盼望神恩待和怜悯我们，除此之外并无他法。人因惧怕神的审判而战兢，就在心里自我责罚。真敬虔之人都经历过以下的责罚，即羞耻、迷惑、呻吟、自恨以及其他出于深深知罪的情感。然而，我们也必须学习自我节制，免得忧愁吞灭我们，因当人感到惧怕时，常常落入绝望之中。而且撒旦的诡计之一是，使人在深深地惧怕神时，越来越落入忧郁的旋涡中而无法自拔。那产生谦卑和不停止盼望得赦免的惧怕，不可能太深了。然而，根据保罗的盼咐，罪人应当时时谨慎，免得他的忧虑变为失望，他的惧怕成为重担，至终灰心丧气（来12：3）。因为在这种情况下，我们会离开那借悔改呼召我们归向他自己的神。伯尔纳对此的劝勉极有帮助："对罪的忧伤是必要的，只要它不是持续不断的。我劝你在深感自己的恶行时，当驻足默想那来自神祝福的大平安。我们应当将蜂蜜与这茵陈混合，它有益的苦味当与甘甜调和用来医治我们。当你默想自己的卑微时，当同时默想神的良善。"①

---

① Bernard, *Sermons on the Song of Songs* 11.2（MPL 183.824 f.；tr. Eales, *Life and Works of St. Bernard* IV.55）.

悔改的果子：圣洁的生活、认罪和罪得赦免；
一生都需要悔改（16—20）

16. 外在和内在的悔改

我们现在更能明白悔改果实的性质：对神敬虔的本分、对人的仁慈，以及一生中的圣洁与单纯。简要地说，人越认真地以神律法的标准鉴察自己的生活，就会越真实地表现出悔改之果。所以，圣灵在激励我们悔改时，常常以逐条的律法提醒我们，也提醒我们第二块石版要求人所当尽的本分。有时圣灵又先斥责人心的污秽，之后教导人何为真实悔改的果子。稍后，我即将向读者们描述如何过悔改的信徒生活。先知们也常常讥笑那些企图以仪式平息神忿怒的愚昧人，有时他们也直接教导：外在正直的行为不能证明真悔改，因为神鉴察人心。但我在此不打算引用先知的见证，因为任何对圣经有一般了解的人不需要别人教导他这点，即为了讨神喜悦，人必须从心里悔改。《约珥书》中的这经文能极大地帮助我们明白圣经在这方面的教导："你们要撕裂心肠，不撕裂衣服。"（珥 2：13）《雅各书》中也简洁地表达出这两方面的劝勉："有罪的人哪，要洁净你们的手；心怀二意的人哪，要清洁你们的心。"（雅 4：8）雅各先提及外在的方面，之后指出真悔改的原则，即人必须洁净内心的污秽，好在内心建立敬拜神的祭坛。

此外，我们在私下当采用一些外在的改过方式，或虚己或驯服自己的肉体，之后借这些行为公开地见证自己的悔改（林后 7：11）。而且这些行为来自于保罗所说的"责罚"（林后 7：11）。这些是忧伤之灵的特征：懊悔、呻吟、流泪、离弃夸耀、假冒为善和享受一切世俗的宴乐。那深感肉体的悖逆是何等邪恶的人会设法治死肉体。而且，那认真考虑过违背神律法是何等大罪的人，除非他虚己归荣耀给神，否则他就不得平静。

　　古时的神学家在讨论悔改所结的果子时，常常提到这种责罚的方式。虽然他们没有教导这些方式本身能产生悔改——我请读者们在此原谅我提出自己的观点——我个人认为他们过于看重这种责罚的方式。若任何人理智地思考这一点，我深信他也必同意我的观点，即他们在两方面过于看重这些方式。当他们极力地劝勉和过于夸大肉体责罚的功效时，就使得百姓更热心地接受这些方式，但他们也因此模糊了更为重要的真悔改。其次，他们过于严厉的惩戒与神要教会所表现出的温柔极不相称。我们将在后面讨论这一点。

17. 我们不应当认为外在的补赎礼能证明真悔改

　　有些人当看到圣经记载人在流泪、禁食、炉灰之中懊悔时，[特别在《约珥书》中（珥2：12）]，就认为禁食和流泪证明真悔改。我们必须澄清他们的这误解，即《约珥书》所记载的一心归向神，撕裂心肠而不撕裂衣服，才是真诚的悔改。圣经并没有记载流泪和禁食是悔改的必然结果，而是在某种特殊的情况下的表现。约珥因预言犹太人即将面临极大的灾祸，就劝他们要平息神的愤怒，不但要悔改，还要表现自己的悲恸。就如一位被指控有罪的人，常留着长须、蓬头、穿麻衣，只为了感动法官施怜悯；同样地，当犹太人被传唤到神的审判台前时，求告神在他们悲惨的光景中怜悯他们是应当的。披麻蒙灰也许是当时悔改恰当的表现，而现在当神似乎要降灾祸给我们时，我们流泪、禁食也是悔改恰当的表现。当神使我们面临任何危害时,他就在宣告他的报应即将临到我们身上。所以,先知劝百姓流泪、禁食是应当的,就是劝他们表现有罪之人的忧伤,因为先知先前才说到他们的恶行即将受审。

同样地,现今教会的牧师当看到神即将降祸时也应当呼吁信徒,劝他们趁早禁食、哭泣,只是——这是要点——他们要不断地更加热忱、更加迫切地劝他们当"撕裂心肠,不撕裂衣服"(珥2:13)。无疑地,禁食并非总是与悔改紧密相联,却是面临灾祸时人所当尽的本分。因此,当基督教导使徒在他升天后需要哀恸禁食时,也在教导哀恸和禁食的关系(太9:15)。我所指的是公众的禁食,因为敬虔之人应当一生过节制谨守的日子,借某种不断禁食的态度在世上生活。在我论到教会的纪律时,我将再详细讨论。

18. 在神和人面前认罪

然而,我要在此补充:若我们用"悔改"这个词表示外在的认罪,就偏离了以上所教导的悔改真义。因悔改并不是归向神、认罪和求告神,而是为了逃避审判和定罪。所以"披麻蒙灰悔改"(太11:21;路10:13)只在表示,当神因我们的大罪向我们发怒时我们的自恨。这种认罪的确是公开的,因察觉神必临到我们的审判而在天使和世人面前定自己的罪。当保罗责备那些纵容己罪之人的懒惰时,说:"我们若是先分辨自己,就不至于受审。"(林前11:31)虽然我们无须常常在人面前悔改,然而,私下向神认罪是真悔改不可少的。因我们若期待神赦免我们所纵容和掩饰的罪,是极不理智的。

我们不但应当天天承认我们所犯的罪,更需要认我们的大罪,借此回想我们所犯过几乎已被我们遗忘的大罪。在这方面大卫是很好的榜样,当他对他最近所犯的大罪感到羞愧时,他追溯、省察自己直到胎儿时期,并承认他在那时就是败坏污秽的(诗51:3—5)。他这样做并不是在为自己辩护,就如许多人隐藏在众人中,将自己的罪推卸给他人想逃脱刑罚。大卫并非如此,他明确承认自己的大罪,也承认从出生开始他就不断地犯罪。大卫在另一处也省察自己从前所犯的罪,甚至求神怜悯他幼年的罪愆(诗25:7)。若我们在罪的重担下呻吟,为自己的恶行痛哭并寻求神的赦免,这就证明神已使我们醒悟。

此外,我们也应当分辨,神吩咐我们常常当行的悔改,不同于那些已羞辱地跌倒,或放荡地陷入大罪,或悖逆不服神之轭的人醒悟的悔改。圣经所劝人的悔改常常是指某种出死入生的悔改。而且当其提到一些已经"悔改"的人时,意思是他们已从偶像崇拜或一样可怕的大罪中归向神。因此,保罗说他为那些"犯罪、行污秽、奸淫、邪荡的事不肯悔改"之人忧愁(林后12:21)。我们应当留意这两者之间的区别,免得当我们听到神只是有效地呼召少数人悔改时,就变得不在意,而误以为神并不那么在乎我们治死肉体。因为那些不断搅扰我们的私欲和我们所再三犯的罪都不允许我们在治死肉体上松懈。因此,被魔鬼所引诱离弃神并被致命的陷阱缠住之人所当行的特殊悔改,与信徒因自己败坏的肉体一生在神面前所当行的悔改不同。

19. 悔改和赦罪密切的关系

既然——这是显而易见的——整个福音都包含在悔改和赦罪这两个术语中,不就证明神白白地称他的选民为义,为了同时借圣灵使他们成圣过圣洁的生活?施洗约翰——神所差遣在基督前面预备道路的使者(太11:10)宣告:"天国近了,你们应当悔改。"(太

3：2；参阅太4：17）他呼召他们悔改，同时也表明他盼咐他们承认自己是罪人，以及一切的行为在神面前受咒诅，好使他们一心切慕治死肉体和圣灵所赏赐的重生。他借着宣告神的国，呼召他们信主，因他所教导即将降临的神的国在乎罪得赦免、救恩、生命，以及神在基督里所赏赐我们的一切。因此其他福音书的作者也记载："约翰来了……传悔改的洗礼，使罪得赦。"（可1：4；路3：3）难道这不就是盼咐那些担当罪恶重担之人应当归向主，并盼望自己的罪得赦和蒙救恩吗？基督自己在开始传道时也这样教导："神的国近了！你们当悔改，信福音。"（可1：15）首先，他宣告神已借他打开怜悯之宝藏的门，然后他盼咐人悔改，最后劝人信靠神的应许。因此，当基督说"基督必受害，第三日从死里复活，并且人要奉他的名传悔改、赦罪的道"（路24：26，46—47）时，就在告诉我们福音的总纲。在基督复活之后，使徒这样传道："神……将基督高举……将悔改的心和赦罪的恩赐给以色列人。"（徒5：30—31）当人借着福音的教导发现他们一切的思想、情感和行为、努力都是败坏和邪恶的，这才是奉基督的名所传的悔改。因此，若他们想要进天国就必须先重生。当人们被教导神使基督成为我们的智慧、公义、圣洁和救赎（林前1：30），并借基督的名使我们能在神面前被白白称义时，这就是传罪得赦免。这两种恩典都是凭信心领受的，就如我在以上所证明的那般。然而，既然信心正确的对象是神的良善，而且罪借此得以赦免，我就有必要将悔改和赦罪仔细地做区分。

20. 悔改在何种意义上是得赦免的先决条件

恨恶罪就是悔改的开始，并使我们先认识基督，因基督唯独将自己启示给贫穷、可悲、呻吟、劳苦担重担、饥渴以及在忧伤痛悔中的罪人（赛61：1—3；太11：5、28；路10：18）。所以，我们若想常在基督里，就必须努力地追求悔改，一生专心悔改，直到离开这世界。因基督来是要召罪人，是要召他们悔改（参阅太9：13）。他奉差遣祝福不配的人，也是要他们离弃自己的恶行（徒3：26；参阅徒5：31）。圣经充分地证明这一点。因此，当神给人赦罪时，他经常同时要求他们悔改，暗示他的怜悯是领人悔改的。神说："你们当守公平、行公义，因我的救恩临近"（赛56：1）；"必有一位救赎主来到锡安、雅各族中转离过犯的人那里"（赛59：20）；"当趁耶和华可寻找的时候寻找他，相近的时候求告他。恶人当离弃自己的道路，不义的人当除掉自己的意念，归向耶和华，耶和华就必怜恤他"（赛55：6—7）；"所以你们当悔改归正，使你们的罪得以涂抹"（徒3：19）。然而，我们必须留意，神设立这先决条件并不是说我们的悔改是我们得赦免的根据，而是既然神定意怜悯人是为了使人悔改，就向人指明要获取此恩典所当行的方向。因此，只要我们仍被囚在肉身之牢房中，就必须不断地与自己败坏本性的污秽争战，甚至与我们与生俱来的性情争战。柏拉图曾说过：哲学家的生活在于默想死亡，但我们可以更真实地说，基督徒的生活在于不断地努力治死肉体，直到肉体被完全治死，并且神的灵在我们心中做王为止。所以，我认为那已学会对自己不满的人算是在敬虔上有很大的长进，但也不可因这不满就驻足不前，反而要借此投靠神并渴慕他，使自己在已被嫁接到基督的生命和死中后，能留意一生悔改。显然，真正恨恶罪恶的人必定如此行。不过，除非人先被对义的爱所抓住，否则就不会恨恶罪。这论点不但容易理解，也最符合圣经真理。

不悔改或不得赦免的罪（21—25）

21. 悔改是神白白的恩赐

再者，我相信以上的教导已明确地证明悔改是神特殊的恩赐，所以无须长篇大论再对之加以解释。因此，教会赞美神的这恩赐，甚至欢喜神"赐恩给外邦人，叫他们悔改得生命"（徒11：18；参阅林后7：10）。保罗也劝提摩太对非信徒宽容和温和："或者神给他们悔改的心……叫他们可以醒悟，脱离魔鬼的网罗。"（提后2：25—26）事实上，神宣告他喜悦万人归信，也劝众人归信，然而归信的果效完全在于使人重生的圣灵。因为创造人比给人披上更完美的本性容易。所以，在重生的事工上，人被称为"神的工作，在基督耶稣里造成的，为要叫我们行善，就是神所预备叫我们行的"（弗2：10），不是没有理由。神以重生的灵拯救他所愿拯救的一切人脱离死亡。这并不是说悔改是救恩的起因，而是说悔改与信心和神的怜悯是密不可分的，就如以赛亚的见证："必有一位救赎主来到锡安、雅各族中转离过犯的人那里。"（赛59：20）

这是不容改变的事实：谁真诚敬畏神，谁就是圣灵已动工拯救的人。所以，在《以赛亚书》中，虽然信徒们埋怨并后悔神离弃了他们，然而，其实神使人心刚硬才证明人是被遗弃的（赛63：17）。当使徒说被遗弃之人没有得救的盼望时，他的理由是"不能叫他们重新懊悔了"（来6：4—6）。显然，当神重生一切他不喜悦灭亡的人时，同时也向他们彰显父亲般的爱，并以和蔼面容的光辉吸引他们归向自己。另一方面，神使那些罪不得赦免且被遗弃之人刚硬，并向他们发怒。

使徒以这种报应警告大胆背道的人,因他们抛弃了对福音的信心,取笑神,藐视他的恩典,亵渎和践踏了基督的血(来10:29),甚至竭尽所能将基督重新钉在十字架上(来6:6)。使徒在这里的意思并非如某些刻薄之人所说,认为一切故意犯罪的人都没有得救的盼望。相反,他的意思是,背道是无可推诿的,所以神如此严厉地报应亵渎、藐视他的人并不足为怪。使徒教导:"论到那些已经蒙了光照、尝过天恩的滋味,又于圣灵有份,并尝过神善道的滋味,觉悟来世权能的人,若是离弃道理,就不能叫他们从新懊悔了。因为他们把神的儿子重钉十字架,明明地羞辱他。"(来6:4—6)也教导:"因为我们得知真道以后,若故意犯罪,赎罪的祭就再没有了。"(来10:26)

这两处经文也被古时诺瓦替安派(Novatian)利用来支持他们疯狂的异端。历史上某些敬虔之人由于误解这些经文过于严厉的警告,而拒绝相信《希伯来书》是圣经的一部分,虽然这些书信在各方面都表现出使徒的精神。但既然我们在与接受《希伯来书》属于圣经的人争辩,所以要证明上述经文并不支持他们的谬论是轻而易举的。首先,使徒必定是同意主所教导的,主说:"人一切的罪和亵渎的话都可得赦免,惟独亵渎圣灵,总不得赦免……今世、来世总不得赦免。"(太12:31—32;可3:28—29;路12:10)除非我们认为《希伯来书》的作者反对基督对赦罪的教导,否则我们就得相信使徒也接受基督的教导。由此可见,只有一种不得赦免的罪,因这罪出于人的癫狂而非软弱,且清楚地证明他是被鬼附的人。

22. 不得赦免的罪

然而,为了解决这问题,我们应当考察这永不得赦免之罪的性质。奥古斯丁曾将之定义为至死顽梗不化、不信神的赦免；然而，这定义与基督所说的不完全一致。基督对此的定义是，它是人今生所犯却不得赦免的罪（太 12：31—32）。要么这种说法有问题，要么这罪就是今生所犯下的；而奥古斯丁的定义是说，这是人一直到死仍顽梗不化的光景。也有人说亵渎圣灵就是嫉妒神赐给弟兄的恩典的人。但我不知道他们如此说的根据何在。

然而，我们应当对这个词下一正确的合乎基督所说的定义。当我们用圣经来证明这定义，就能确知这是无可辩驳的。基本上，当人在神真理的光照下，无法以无知做借口，却恶意地抵挡这真理，这是在亵渎圣灵，他们的抵挡本身就是亵渎圣灵。因为基督为了解释他所说的话又接着说："凡说话干犯人子的，还可得赦免；惟独说话干犯圣灵的，不得赦免。"（太 12：32、31；参阅路 12：10；可 3：29）马太以"干犯圣灵"代替"亵渎圣灵"。

可是，人怎能亵渎人子而不同时亵渎圣灵呢？人有可能因无知而下意识地攻击神的真理，或因无知而咒骂基督，但若神向他们启示真理，他们就不会故意抹煞这真理，也不会在知道基督是神的受膏者后攻击他。这类人所冒犯的是父和子。同样地，如今有不少人极恶毒地咒骂福音的教导，但若他们确知这是福音，就会一心一意地敬畏之。

但那些虽然确知他们所抵挡和辱骂的就是神的真道，却仍旧攻击之的人，就是圣经所谓亵渎圣灵的人，因他们所抵挡的是圣灵的光照。当时的一些犹太人就是如此，他们虽然无法反驳圣灵借司提反所说的话，却仍旧极力攻击（徒 6：10）。无疑地，当中有许多人是受对律法热忱的驱使而攻击，然而，也有其他人是因恶意的亵渎与神作对，也就是攻击他们确知是出于神的教义。

主所斥责的法利赛人也是如此，他们为了削弱圣灵的大能而以"别西卜"这称呼毁谤基督（太9：34，12：24），人大胆任意妄为地故意辱骂神的名，就是亵渎圣灵。当保罗宣称他蒙怜悯，是因他所做的是在不信、不明白的时候做的，就暗示这一点（提前1：13），否则他就不能蒙神的恩惠。保罗之所以得赦免，是因他的不信乃出于无知，因此，若明知而不信就是不得赦免的罪。

23. 如何解释"不能重新懊悔"

　　你若留意就会明白，使徒说的并不是人一两次的悖逆，而是指被遗弃之人以悖逆的本性弃绝救恩。难怪约翰在他的书信中宣告，从选民中出去的人是不得神赦免的（约一2：19）！因他所谈论的对象是那些自以为在离弃基督教后仍能再归回的人。约翰为了反驳他们极为有害的谬论，就说那些明知真道却故意拒绝的人不可能重归真道。然而，弃绝真道的人并不是那些过放荡不节制生活、违背神话语的人，而是那些故意弃绝神完整教导的人。所以，诺瓦替安派的谬误在于对"离弃"和"犯罪"这两个词的解释（来6：6，10：26）。他们将"离弃"解释为：人在受了神律法的教导——不可偷盗和淫乱后，仍不离弃偷盗或淫乱。然而我的解释是：圣经在这里指的是人的整个生命与神的话语相悖，并不是指人某次的跌倒，而是指人完全地离弃神，彻底地背道。因此当他论到那些蒙光照、尝过天恩的滋味，又与圣灵有分并尝过神善道的滋味和觉悟来世权能的人（来6：4—5）时，他的意思是：那些故意扑灭圣灵光照、在尝过天恩的滋味后又将之吐出、拒绝圣灵带来的成圣，且践踏神的道和来世权能的人。为了进一步解释何谓故意的亵渎，使徒在另一处经文中又明确地加上"故意的"这个词来描述之。当他说人在得知真道以后，若故意犯罪，赎罪的祭就再也没有了（来10：26）时，他并不是在否认基督的献祭不断地除掉众圣徒的罪孽。因为几乎整卷书信在解释基督祭司的职分时，都有力地宣告这真理。他的教导反而是：当人弃绝基督的这献祭时，就再也没有别的献祭了。而且，当人明确否决福音的真理时，就是弃绝基督的献祭。

24. 不得赦免的人也是无法悔改的人

对于某些人而言，人若求告神的怜悯并投靠他为避难所，却仍不蒙赦罪，这似乎与神的怜悯有冲突。这是容易答复的，因《希伯来书》的作者并非说，人若归向神，他的罪就不得赦免，他所否定的是这种人还会悔改，因为神根据他公义的审判，将因他们的忘恩负义以永远的瞎眼报应他们。他后来用以扫的例子来解释这一点，也与我们的教导毫无冲突。以扫虽然流泪号哭切求挽回长子的名分，却是徒然（来12：16—17）。先知的警告也有同样的教导："他们呼求我，我也不听！"（亚7：13）因他们的呼求并不表示真归信或求告神，只是表示不敬虔之人在逆境中的担忧，迫使他们开始在乎他们从前所漠不关心的，即他们一切的益处都倚靠神的帮助，然而与其说他们求告这帮助，不如说他们在呻吟这帮助已离弃了他们。先知所说的"呼求"（亚7：13），以及使徒所说的"号哭"（来12：17），只是表示恶人在绝望中经历到可怕的折磨。以上的事实值得我们留意，否则神就背乎自己，因他借先知的口宣告他必怜悯一切悔改的罪人（结18：21—22）。就如我以上所谈论的，显然地，除非人先蒙恩，否则他的心不会改变，而且，神所赏赐一切求告他之人的应许必不落空。但被遗弃之人明知他必须求告神使他脱离他的逆境，却在神亲近他时逃离，所以，即使他们号哭、呼求，我们也不能将这盲目的呼求称为"归信"或"祷告"。

25. 虚假和真实的悔改

既然使徒否认虚假的悔改能平息神的愤怒,那么也许有人会问,为何亚哈王蒙赦免且逃脱神对他的审判呢?因为他晚年时的行为似乎证明他只是因害怕而求告神(王上 21:28—29)。他的确披上麻衣,将灰扬在身上,且睡卧在地上(王上 21:27),并且,圣经也记载他在神面前虚己,但他的心却仍旧顽梗并充满恶毒,即使撕裂衣服也毫无用处,然而,神的确转意怜悯他。

我的答复是:假冒为善的人有时暂时得释放,然而神的烈怒仍在他们身上,而且,这怜悯并不是因为他们,而是用之做榜样教导众人。虽然神减轻了对亚哈的惩罚,这对他有何益处呢?只不过使他在世上没有感受到神的烈怒罢了。因此,神的咒诅虽然是看不见的,却仍在他的家中,至终他也灭亡了。

以扫的情形也是如此,他虽然被神拒绝,但他的哭泣却获得了暂时的福分(创 27:40)。然而根据神的圣言,属灵的产业只能临到两兄弟其中之一。所以,神拒绝以扫而拣选雅各,就证明以扫被排斥在神的怜悯之外。以扫所获得的只是肉体上的安慰——领受天上的甘露、地上的肥土(创 27:28)。

以上的教导应当作为我们众人的借鉴,使我们努力寻求真诚的悔改,因为,我们若真心悔改归向他,神必然赦免我们,因他甚至怜悯那些不配的、对自己不满的人。以上的例子也教导我们,一切硬着颈项、心里刚硬、顽梗不化的人,现在不理会和藐视神的警告,将来,神所警告的必临到他们。神也常常向以色列人伸手,使他们脱离灾难,尽管他们的呼求是虚假的,他们的心是诡诈弯曲的(诗

78：36—37）。尽管神在《诗篇》中埋怨他们立刻又重蹈覆辙（57节），然而，神以这样的温柔喜悦使他们真诚地归信或叫他们无可推诿。但神暂时不施行审判，不一定表示神就永远不施行审判，他反而在后来更严厉和加倍地审判他们，为了证明他何等厌恶他们的虚伪。然而就如我以上所说，神却同时表示他乐意赦罪，为了鼓励敬虔之人改善自己的行为，并更严厉地定那些用脚踢刺之人的罪。

第三章　基督徒生活之总则①

1. 论述的计划

根据以上的论述，重生的目的是要信徒在生活中彰显出神的义和他们的顺服之间彼此的和谐与相称，并因此印证他们已得神儿女的名分（加4：5；参阅彼后1：10）。

虽然神的律法本身就教导我们如何重新获得神的形象，却因我们迟钝的心需要许多的激励和帮助，我们若从圣经中不同的经文拼出基督徒生活的样式，这会使我们大得益处，免得任何真心悔改的人在热忱中偏离真道。

那么，在教导基督徒如何过一个有秩序的生活方面，若要尽述这教导的广阔性及多方面性，就会写成一本很厚的书。古时的神学家们只在基督徒的一种美德上就有极其丰富的描述，却一点也不显得啰唆。当神学家们在他们的论述中以任何的美德劝勉信徒时，因这主题包含丰富的内容，就使得他们必须多方面描述才会觉得完整。但我并不打算在此详细探讨圣经所吩咐的一切美德，及劝勉信徒遵行。其他神学家的作品已详细讨论过圣经吩咐我们一切的美德，尤其是教父的作品。我只要阐明敬虔的人如何被指导过一个正直的、

---

① 《基督教要义》第三卷第六章，"基督徒的生活；首先，圣经如何劝我们这样行"。

有秩序的生活，为此我想简要地立定一个普遍的准则，使信徒能用来鉴察自己的责任，这样就足够了。也许以后会有机会更详细地讨论这主题，或将我自己不十分适合讨论的问题交给其他的神学家。我生来就喜欢简洁的讨论，也许我想更详细地探讨也不会成功，即使更详细的讨论对读者们有更大的帮助，我仍然不想这样做。其实，我现在的打算只是想对这方面的教义给出一个尽可能简洁的大纲。

就如众哲学家们对正直和恰当的行为立定一个范围，在这范围之内推演出人每项责任以及美德的体系。圣经的教导也是如此；只是圣经有更美好的安排，圣经的教导也比一切的哲学更可靠。哲学家们与圣经作者最大的不同，就是哲学家们出于自己的私意，想要在自己的作品中竭力构造某种精致的秩序，好炫耀自己的智慧。然而因圣灵的教导完全是真诚、无伪的，所以尽管常常没有很严格地遵守某种方法，但他在特有处境下的有秩序引导，仍使我们不可忽略之。

2. 基督徒生活的动机

我们现在所探讨的圣经教训包括两个主要的部分。首先是神要我们爱义，虽然这不是我们与生俱来的倾向，神却能赐给我们，并将之刻在我们的心中；其次，神给我们立定行义的准则，免得我们在行义的热忱中偏离真道。

圣经用许多巧妙的理由劝我们行义，其中有好几个我们在之前已提出过，我们在此也将指出其他的。圣经盼咐我们要圣洁，因耶和华我们的神是圣洁的（利19：2；彼前1：15—16），难道有比这更基本的理由吗？事实上，我们虽然如迷失的羊，脱离了羊群并分散到世界的迷宫中，神却将我们聚集归一，好使我们与他和好。当我们读到圣经告诉我们信徒与神联合时，我们应当记住这联合是以圣洁为根基，但这并不表示靠我们的圣洁使我们与神联合！我们反而应该先专靠神，好让我们在神将他的圣洁赏赐给我们之后，就能顺服他一切的命令。然而，既然神的荣耀不允许他与任何的邪恶或污秽交通，圣经就因此教导我们圣洁是我们的目标，且我们若想顺服神对我们的呼召，我们就必须成为圣洁的人（赛35：8）。因我们若在自己的一生中准许自己在邪恶和污秽里打滚，那么，神救我们脱离这一切有何意义呢？此外，圣经也同时劝勉我们，为了被称为神的选民，我们必须居住在圣城耶路撒冷（参阅诗116：19，122：2—9）。神既然为自己将这城市分别为圣，他就不可能允许居民因自己的恶行玷污它。因此神这样宣告："行为正直、做事公义的人能寄居神的帐幕。"（诗15：1—2；参阅诗14：1—2，武加大译本；参阅诗24：3—4）因神所居住的帐幕若充满污秽是极不相称的。

3. 基督的位格和他的救赎之工给基督徒生活最强烈服侍神的动机

为了使我们醒悟，圣经记载父神既在基督里使我们与他自己和好（参阅林后5：18），就将他要我们效法的形象印记在基督身上（来1：3）。我想在此邀请那些以为唯有哲学家才能立下正确和系统的道德哲学的人，在哲学家中找到比我所陈述的更好的资源。他们虽然特意劝人向善，却只是鼓励人顺其自然本性行事。然而，圣经的劝勉是来自真理的源头，圣经不但劝我们将自己的生命归与神——我们的造物主，也教导我们人已经从神造人的样式和光景中堕落了。圣经也教导我们，基督使我们重新蒙神悦纳，也说神立基督为我们行事为人一生的榜样。就行善而言，难道有比效法基督更有效的方式吗？事实上，除此之外没有另外的方式。因神使我们得儿子名分唯一所附带的条件是：我们的生活要效法基督的样式，因神借基督使我们成为他的儿女。因此，除非我们努力地寻求行义，否则我们不但是邪恶地背叛我们的造物主，也是在否定我们的救主基督。

圣经也以神应许我们所有的福分和他在救恩上所给我们的一切赏赐，劝勉我们讨他的喜悦。既然神向我们启示他是我们的天父，那么，我们的行为若没有活出神儿子的样式，就证明我们的忘恩负义（玛1：6；弗5：1；约13：1）。既然基督借洗礼以自己的宝血洁净我们，我们若再犯罪玷污自己，这是极不相称的（弗5：26；来10：10；林前6：11；彼前1：15、19）。既然他将我们嫁接到他身上，我们就必须谨慎，免得使自己再次残缺，因我们是基督无瑕疵的肢体（弗5：23—33；林前6：15；约15：3—6）。既然基督——我们的元首，亲自升天，又既然我们已弃绝了对世界的爱，就应当全心全意地思念上面的事（西3：1）。既然圣灵已将我们献给神作为圣殿，我们必须不顾一切地使自己彰显神的荣耀，也必不能犯任何玷污自己的罪（林前3：16，6：19；林后6：16）。既然神预定我们的灵魂和身体将在天上成为无瑕疵的，并获得永不衰残的冠冕（彼前5：4），我们就应当殷勤地保守自己，直到主再来的日子（帖前5：23；腓1：10）。这就是行事为人最好的根基，没有任何哲学家的教导有这样的根基，而且在他们所褒奖的美德中，最高的也不过是人与生俱来的尊严。

4. 基督徒的生活不在于言语，乃在于内心

我们在此也要斥责那些有名无实的基督徒。他们无耻地以基督圣洁的名为傲。事实上，唯有从福音的真道上认识基督的人才能与基督有交通。保罗也告诉我们，那些未曾接受教导、一定要穿上基

督的人，没有正当地学基督，因他们尚未脱去那因私欲的迷惑渐渐变坏的旧人（弗4：22、24）。这就证明他们虚假和不正当地假装自己认识基督，不管他们有多高的知识或胡说多少关于福音的话。因基督教的教义不在于言语，乃在于新生命。基督教不像其他哲学，只在乎人的理解力和记性，基督教的教义必须占据人心，其最深处要求人全心全意地爱。因此，我们盼望他们停止这虚假的宣称，不再藐视神，或请他们证明自己的行为与他们的教师基督相称。我们最强调的是基督教的教义，因若不明白这教义就无法得救。然而，这教义必须感动我们的心，影响我们的日常生活，使自己的心意更新而变化。在哲学家当中，若有人宣称相信某种应当支配人整个生命的哲学，之后却只将之视为哲学的话题，就会引来其他哲学家的怒气和排斥。照样，我们有更充分的理由恨恶浅薄的神学家，因他们只满足于舌头上的基督教，拒绝让这教义感动自己的心，占据自己的灵魂，影响自己的一生。然而，真理对信徒的影响应当远超过任何冷漠的哲学对我们的影响！

5. 虽然不完全却竭尽所能的基督徒生活

我并不坚持基督徒的道德生活与福音完全相称，但这应当是我们的盼望，也是我们一生的目标。然而，我对基督徒的要求不会如此严厉，以至认为那些未曾达到完全程度的人不应当被称为基督徒。因若是如此，所有的人都必定被排斥在教会之外，因我们每一个人都离完全距离甚远，而且，我们若排斥一切在这目标上只有微小长进的人，这是不公义的。

那我们应当如何行呢？我们应当把这完全的目标摆在自己面前并努力追求之。因我们若照自己的意思只遵守神所吩咐的其中一部分，却忽略神给我们的其他命令，这必不能讨神喜悦。因圣经处处都教导我们：敬拜神主要的部分是在神的面前有无愧的心，意思是神要求我们在他面前有真诚、单纯、毫无诡诈、无伪的心，与心怀二意的心正好相反。换言之，圣经告诉我们正直生存的起点是属灵的，是人无伪地从内心将自己献与神成为圣洁的义人。

但没有人在这肉体的监牢之中仍有足够的力量能在这旅程上甘心乐意地勇往直前，人与生俱来的软弱拦阻大多数的信徒，使他们步履蹒跚，甚至只能爬行。所以，我们每一个人都应照自己微小的潜力，在我们已经开始的这历程上前进，但也没有人的潜力糟糕到他不能每天都有所进步。因此，我们每一个人都当在神的真道上不停息地努力前进。我们不可因自己缓慢的速度感到绝望，因为即使我们的进度与所盼望的不同，但只要今天比昨天更进步，我们就不至于一无所得。我们只要真诚和单纯地仰望这目标；不奉承自己，或为自己的恶行找借口，而要殷勤地达到这目标：在善行上日胜一日，直到我们达到完全的地步。这是我们一生所竭力寻求的目标。然而，只有在我们脱去这软弱的身体，且神使我们完全与他自己联合之后，我们才会达成这目标。

第四章 自我否定①

基督教之自我否定和弃绝世界的哲学：
我们不属自己，乃属神 （1—3）

1. 我们是属神的，并不是自己的主人

虽然神的律法是行事为人最完美的准则，然而，我们天上的教师却喜悦以更有效的方式操练他的百姓过圣洁的生活。这方式最主要的原则是，信徒要"将身体献上，当作活祭，是圣洁的，是神所喜悦的"（罗 12：1）。这就是神要求我们对他的敬拜，这也是神对信徒劝勉的根基："不要效法这个世界，只要心意更新而变化，叫你们察验何为神的善良、纯全、可喜悦的旨意。"（罗 12：2）最主要的是，我们被分别为圣并将自己献与神，好使我们之后的思想、言语、行为都能将荣耀归给神。因任何已分别为圣的事物，若用在不洁的事上必定冒犯神。

我们既然不属自己（参阅林前 6：19）而属主，那么我们就知道当避免的是怎样的错误，我们也知道生活的每一部分应当有怎样的方向。

---

① 《基督教要义》第三卷第七章，"基督徒生活的总结：自我否定"。

我们不属自己，我们的理智或意志都不可决定自己的计划和行为；我们不属自己，我们因此不当寻求出于肉体的私欲的目标；我们不属自己，我们当尽量忘记自己和自己的一切。

相反地，我们属神，我们因此要为他而活并为他而死；我们属神，我们当让神的智慧和旨意决定和管理我们一切的行为；我们属神，我们的一生都当将神当作我们唯一的目标并向这目标迈进（罗14：8；参阅林前6：19）。人在被教导他不属自己之后，若将管理与支配的权柄从自己的理智中夺去并将之交给神，这是多么大的长进！既然照自己的喜好而活会最为有效地把我们带向毁灭，那么，走向得救之最安全的办法是完全不靠自己聪明的理智和意志，而只顺从神的带领。

因此，做基督徒的第一个步骤就是人要离弃自己，为要使自己能用一切的才能服侍神。我所说的"服侍"不单是人对神真道的顺服，也是人心灵的转向，在倒空肉体的欲念之后，完全听从神的灵。虽然这是使人进入永生的开端，但所有的哲学家对这种变化完全无知，保罗称这变化为"心意更新"（弗4：23）。哲学家们完全将人的理智当作管理人唯一的原则，且认为人不应当听别的声音，总之，人应当完全照自己的理智行事为人。然而，基督教的哲学却吩咐人的理智降服于圣灵的引领，使人不再是自己活，乃是基督在他里面活并统治他（加2：20）。

2. 因将自己献给神而自我否定

第二个步骤就是我们不再寻求自己的事，而是寻求神的旨意和一切将荣耀归给他的事。这也能证明人有极大的长进，即当人几乎忘记自己，并否定自己的自我关心，而尽量忠心热烈地服侍神和遵守他的诫命。因当圣经吩咐我们否定自己时,这吩咐不只是要从我们的心里除去对物质、权威和人喜悦我们的渴望,也根除人的野心和一切被恭维的私欲,以及其他更隐秘的罪。因此,基督徒必须从心里深深感受到他的一生所在乎的唯有神自己。如此,他既已将自己所有的交给神来管理,同样也会将自己一切的计划交给神。因人若学会将自己一切的计划交在神手中,他同时也会避免许多的虚妄思想。这就是基督在他的门徒刚开始服侍他时所吩咐他们的自我否定(参阅太16:24)。这决定一旦占据信徒的心,他就不会给骄傲、自大、虚伪、贪婪、私欲、淫荡、做娈童或其他自爱所导致的罪(参阅提后3:2—5)留地步。另一方面,人若没有自我否定,他即便没有无耻地犯最污秽的罪,或看来有任何的美德,这所谓的美德也会被自我荣耀所玷污。我向诸位挑战,找出一个没有照神的吩咐否定自己而仍能善待他人的人。因为一切不否定自己的人追求美德唯一的动机是为了别人对自己的称赞。那些最强烈争论人应当为了美德本身而追求美德的哲学家们的傲慢,充分证明他们追求美德唯一的动机就是要放纵自己的骄傲。然而神痛恨那些寻求别人称赞以及一切狂傲的人,他甚至宣告他们在今世已得了他们自己的赏赐(太6:2、5、16),也说娼妓和税吏比他们更接近神的国(太21:31)。然而,我们还没有清楚地解释,不否定自己的人若想追求正直的生活会遭遇多少和多大的障碍。有人曾经正确地说过:"人心隐藏着整个世界的邪恶。"而唯一的补救之法就是否定自己并不再在乎自己,同时全心全意地追求神吩咐我们的一切,且因这是神所喜悦的而追求它们。

3. 《提多书》第二章所教导的自我否定

在另一处经文中,保罗虽然简要而更清楚地描述讨神喜悦的有序生活的各部分："因为神救众人的恩典已经显明出来，教训我们除去不敬虔的心和世俗的情欲，在今世自守、公义、敬虔度日，等候所盼望的福，并等候至大的神和我们救主耶稣基督的荣耀显现。他为我们舍了自己，要赎我们脱离一切罪恶，又洁净我们，特作自己的子民，热心为善。"（多2：11—14）因为当神赏赐我们重生的恩典，使我们能真心地敬拜他时，他同时除掉最拦阻我们的两个障碍，即我们与生俱来的不敬虔——我们的本性所极为倾向的和世俗的情欲——这比不敬虔更普遍的问题。保罗这里所说的不敬虔不只是指迷信，也包括一切拦阻我们热心敬畏神的事。世俗的情欲与肉体的私欲是一样的（参阅约一2：16；弗2：3；彼后2：18；加5：16），当保罗吩咐我们要除去自己一切的私欲，并否定我们的理智和意志时，也包括吩咐我们遵守律法两块石版上的诫命。保罗将我们生活的一切行为局限于三个部分：自守、公义、敬虔。自守无疑指的是贞洁和节制，并正当和节省地使用物质，以及在贫困中忍耐。公义包括我们对别人一切所当尽的本分，凡人所当得的就给他（参阅罗13：7）。最后是敬虔，即离弃世俗的罪孽，以便过一个与神联合的圣洁生活。当这三个特征密不可分地联系在一起时，就使我们成为完全的人。但在我们离弃属血气的理智并勒住自己的私欲，甚至弃绝这些私欲之时，没有比服侍神和我们的弟兄，并在这污秽的世上默想天堂的生活更困难的。所以，保罗为了我们避免落入任何世俗的陷阱，就提醒我们思考那幸福永生的盼望，也告诉我们自己的劳苦必不归于徒然（参阅帖前3：5）。因就如基督从前一次降世救赎我们，同样地，他将再来收取这救赎的果子。保罗在此的教导驱除了一切迷惑我们并拦阻我们渴慕天上荣耀的诱惑。事实上，他教导我们在地上当做客旅，免得至终丧失我们在天上的产业。

自我否定的原则与我们跟别人彼此的关系 （4—7）

4. 自我否定使我们对他人有正确的心态

以上的教导告诉我们，自我否定一方面在乎我们与人的关系，另一方面（也是主要的方面）在乎的是我们与神的关系。

当圣经吩咐我们要看别人比自己强（腓2：3），并诚实、全心全意地善待他人时（参阅罗12：10），除非我们与生俱来的情感先被倒空，否则我们就无法遵守。因为我们盲目、不由自主地爱自己，甚至我们每一个人都以为有极好的理由以自己为傲并轻看别人。若神赏赐我们任何的恩赐，我们很容易就会依靠这恩赐并视之为自己的，因此骄傲到极点。我们在他人面前掩饰那些最缠扰我们的罪，而在心里奉承自己，假装这些恶行是无关紧要的，甚至有时将它们当作美德。若别人也拥有我们自己所自夸的美德，或有比我们所自夸更好的美德，我们就藐视这些恩赐，免得承认别人比我们强。若别人有缺点，我们不会只满足于刻薄地指责他，我们甚至可恶地使之显得更严重。我们悖逆到每一个人都自认自己与众不同，深盼能高过万人，并傲慢、野蛮地对待每一个人，或至少看不起他们。穷人降服于富有的人；村夫俗子降服于贵族；仆人降服于主人；没有学问的降服于有学问的，但没有一个人在自己的心里不认为自己是最伟大的。

这样，每个人因如此奉承自己，所以在心中怀着一个自己的王国。他既然将自己的优点视为出于自己，就斥责别人的人格和道德。若与别人发生冲突，他心里的恶毒就爆发出来。许多人，只要一切过得很顺利，表面上还是会表现出某种程度的温和。然而，究竟有多少人在被烦扰或刺激时还能保持这样的节制呢？唯一的解决办法就是要将这爱争辩和爱自己的致命毒害从心里根除，而且唯有神的真道才能将之根除。因圣经教导我们，当记住神赐给我们的才能并不属于自己，而是神白白的恩赐，而当我们开始以这些恩赐为傲时，就证明我们的忘恩负义。保罗问："使你与人不同的是谁呢？你有什么不是领受的呢？若是领受的，为何自夸，仿佛不是领受的呢？"（林前4：7）

我们应当持续不断地省察自己的过错，使自己常常谦卑下来。如此，我们的心里就不会有任何叫我们自高自大的，反而会有极好的理由自卑。另一方面，圣经也同样吩咐我们当珍视神在别人身上的恩赐并尊荣这些人，因我们若夺去神赐给别人的尊荣，就落入到巨大的邪恶中。神的话也教导我们不可计算人的恶，这并不是说要接受或喜欢这些恶行，而是说我们不应当斥责我们所应当善待和尊荣的人。如此，不管我们遇到什么人，我们不但会尊重他，也会善待他并将他视为自己的朋友。获得一颗温柔的心只有一个方法：从心里感到自己的卑微并尊敬别人。

5. 自我否定使我们能帮助自己的邻舍

当我们想要帮助邻舍时，尽这本分是很艰难的！除非你能忘记自己，并在某种程度上离弃自己，否则你将一无所得。因除非你否定自己并对别人全然付出，否则你如何能如保罗所说出于爱心善待别人呢？保罗说："爱是恒久忍耐，又有恩慈；爱是不嫉妒，爱是不自夸，不张狂，不作害羞的事，不求自己的益处，不轻易发怒，不计算人的恶。"（林前13：4—5）若这是神对我们唯一的要求——

不求自己的益处——这就与我们与生俱来的本性有极大的冲突，因我们既然生来就唯独爱自己，这趋向不太可能让我们为了照顾别人的需要而忽略自己和自己的财产，或甘心乐意地将我们的一切送给别人。然而，圣经牵着我们的手，引领我们不求自己的益处。圣经告诉我们，神赐给我们一切福分并将其托付我们都伴随着这个条件：我们要用这一切的福分使整个教会获益。神要求我们慷慨、仁慈地将一切的福分与别人分享。最好的准则和对此准则的劝勉就是，神教导我们他赐给我们一切恩赐并将其托付我们所附带的条件是，他要我们用这些恩赐使邻舍获益（参阅彼前4：10）。

圣经也进一步地教导说，这些恩赐就如身体的能力（林前12：12及以下）。没有任何身上肢体的力量是为了自己单独的使用，各肢体的力量都是为了众肢体的使用。并且这肢体的力量能使整个身体获益，也唯有这时肢体才能获益。同样地，敬虔的人也应当尽他所能帮助他的弟兄，并将教会的造就视为自己的益处。这应当作为我们慷慨和善待别人的原则：神赐给我们一切，我们负责用这一切来帮助邻舍，神也将在审判之日要求我们向他交账。此外，好的管家必须是满有爱心的管家。我们这样做不但使我们对别人热心的帮助与自己的利益联合，也是看重别人的利益超过自己的利益。

为了防止我们仍不明白这是神赏赐我们管理一切恩赐的原则，神在古时也将这原则运用在他赐给人最小的恩赐上。那时神吩咐以色列人将初熟的果子献给他，证明除非是先献给神，否则神不允许人享受任何他所赏赐的恩赐（出23：19；参阅出22：29）。我们若只有在将神的恩赐亲手献给他之后才被允许享受它们，那么若没有献给神，任何的使用都算是滥用。然而，你也不要以为你向神献上自己的财产会使神获益，既然你的慷慨无法使神获益，你就必须如告知所言，对信徒慷慨（诗16：2—3）。圣经也将施舍与圣洁的祭做比较，表示施舍对应神在旧约里所吩咐的献祭（来13：16）。

6. 爱邻舍不是看邻舍是否应得，乃是仰望神而行

此外，为了避免在行善上丧志（加6：9），我们当提醒读者保罗所说的另一句话："爱是恒久忍耐……不轻易发怒。"（林前13：4—5）若没有留意这劝勉，我们必定立刻在行善上丧志。神毫无例外地吩咐众人"不可忘记行善"（来13：16），然而，若以人有多少功德来评判，大多数人都不值得人向他们行善。圣经对此的教导给我们很大的帮助。它教导我们不要考虑人本身所应得的，乃要思考神在众人身上的形象，因我们欠神一切的尊荣和爱。但神要我们特别留意神的形象在信徒一家的人身上（加6：10），因基督的灵在他们身上已经更新了这形象。因此，不管你遇到什么样的需要帮助的人，你都没有任何的理由拒绝帮助他。你或许会说"他是陌生人"，但神已在他身上刻上你应当很熟悉的记号，因同样的缘故，神也禁止你恨恶自己的骨肉（赛58：7）。你不能说："他是可恶、无用的人。"因为神喜悦这人带着他光荣的形象。你若说你没有因他曾经对你怎样而欠他什么，但神却将他摆在你眼前，好让你在他身上因神赐给你的一切福分还清你所欠他的债。你若说他本身不值得你任何的帮助，然而你当留意在他身上之神的形象，却值得你付出你自己和一切的财产。他若不但不值得你任何的帮助，甚至以不公义的行为和咒诅激怒你，这也不是你拒绝用行为爱他的正当理由（太6：14，18：35；路17：3）。你或许会说："他所应得的与爱他截然不同。"然而，神所应得的是什么呢？神吩咐你原谅这人对你一切的冒犯，也要你视这些冒犯的代价为神自己已经付出的。显然，我们

若想成就这困难甚至与我们的本性相反的事，即爱那些恨恶我们的人，以善报恶，以祝福报辱骂（太5：44），只有一个方法。这方法就是要留意神不要我们考虑人对我们的恶意，而是要在他们身上看到神的形象，这样的考虑将使我们不再记念他们的过犯，而且这形象的光荣和威严将会吸引我们爱并拥抱他们。

7. 主要的是意图，并非外在的表现！

如此，我们只有在尽爱的本分时，才能治死自己的肉体。仅仅履行各项爱的责任并不等于尽爱的本分，尽管各项责任他都尽到了；唯有出于真诚的爱心去履行爱的责任，才是尽爱的本分。因或许有人在外表的确在尽他一切爱人的责任，内心却离真正爱人如己的距离仍旧遥远。因有人希望被看待为慷慨，但他们高傲的表情或傲慢的言语就证明他们的慷慨是可憎恶的。而且在这悲惨、不幸的时代中，大多数人在施舍的时候怀着轻看他人的心态。这样的败坏连在异教徒的身上也应是不被容许的。但就基督徒而论，在尽本分时，神对我们的要求比和颜悦色和言语友善更高。首先，基督徒应当站在需要他人帮助之的立场上，可怜他人的困境就如是自己所经历和担当的一样，好让自己能出于怜悯和仁慈的心态帮助他，就像帮助自己一样。

抱着这种心态帮助弟兄的人必不会以傲慢或斥责别人的态度玷污自己的行为。此外，在施舍时，他也不会看不起需要他帮助的弟兄，或之后将他视为欠他债的人。这与身体因某一个肢体生病，而其他的肢体为了叫它复原必须更吃力而斥责它，或将它视为对其他肢体的亏欠，因他无法回报这样的协助，是一样不合理的。我们并不认为在身体上所有的肢体都彼此分担责任是不合理的，我们反而认为肢体与肢体彼此间的协助是符合自然律的，拒绝这样的互助才是完全不合理的。而且一个人若在某事上已经尽了他的本分，他也不会以为他不再有责任了，就如富人常常在捐钱之后，就把责任推给别人，仿佛这事已经与他无关了。每一个人都应当在心里承认他从神所领受的丰盛不过使他欠他邻舍的债，且他应当在善待他人时，不限制自己给多少，反而随时预备奉献自己所有的，唯一限制自己的原则是爱的原则。

在我们与神关系中自我否定的原则（8—10）

8. 在神面前的自我否定：顺服神的旨意！

我们现在要更详细地重述自我否定的主要部分，即在神面前的自我否定。关于这主题，我们已经在前面说过许多，无须在此重复。我们在这里只要证明，在神面前，自我否定如何使我们有公平和宽容的心。

首先，不管为了今生的顺利还是平安，圣经吩咐我们将自己和我们所有的一切交托在神的旨意中，也吩咐我们将自己心里一切的渴望降服于神。我们贪爱钱财和荣誉，追求权力，积累财富，收集各种奢侈浮华之物。我们的私欲膨胀，我们的欲生天边。另一方面，我们非常害怕并厌恶贫穷和卑微的光景！我们甚至不顾一切地想脱离这样的景况。由此可见，照自己的计划行事为人的人心里何等不安。我们看见他们很有技术地奋斗，甚至到疲乏的地步，以达到他们的野心或贪婪的目标，避免贫困和卑微的景况。

为了逃避这一切的陷阱，敬虔的人必须行走在我们所劝勉的路上。我们首先劝他们不要渴望、期待、思考在神的祝福之外有任何兴旺的方式。他们当平静、安稳地仰赖神自己的祝福。因为人在追求荣誉和财富上，无论肉体看起来多么自足，它不是靠自己的努力，就是靠人情，而毫无疑问，这一切是毫无价值的；而且，在神的祝福之外，不管我们有多殷勤、多有技巧，都无法使我们得任何益处。相反地，唯独拥有神祝福的人才能突破一切的障碍，并至终获得快乐和美好的结局；其次，我们虽然在神的祝福之外能获得某种程度的荣誉和财富（就如我们天天看到不敬虔的人发大财并在别人的眼目中获得荣誉），然而，既然神所咒诅的人得不到丝毫的快乐，人若没有神的祝福，所获得的一切至终将成为自己的不幸。我们千万不要渴望那使人更悲惨之物。

9. 唯独依靠神的祝福

因此，若我们相信获得兴旺和快乐完全在于神的祝福，并相信在神的祝福之外只有痛苦和灾难等候我们，我们就不应当贪心地为财富和荣誉卖力——不管我们所依靠的是自己的机智、努力、人情，还是心里所幻想的财富——我们反而应当时时刻刻仰望神，倚靠神带领我们到他为我们所安排的结局。如此，我们就不会迫不及待地以邪恶、诡计或贪婪抓住财富，获得人的荣耀，而同时伤害自己的邻舍，我们反而会只追求那些不至于引领我们离开真道的事。

难道我们能在欺哄、抢夺和其他邪恶的诡计当中期待神的祝福吗？既然神只祝福那心里纯洁、行为正直的人，所以寻求这祝福的人必要离弃一切的恶念和败坏的行为。如此，神的缰绳将勒住我们，免得我们火热、过度地渴望发财或追求世俗的尊荣。有人居然无耻地相信神会帮助他获取真道所禁止的事物！我们千万不要以为神会祝福他的话语所咒诅的事物！最后，我们若倚靠神的祝福，当事情不是照我们所喜悦和盼望的发生时，我们仍不会厌烦自己的景况或失去耐心。因我们晓得这是在埋怨神。因一切的财富和贫困、卑贱和光荣都是神照自己的旨意分配给人的。综上所述，唯有依靠神祝福的人，既不会以邪恶的诡计追求一般人所疯狂贪求的，因他晓得这些事情对他无益；同时，当事情过得很顺利时，他也不会将称赞归于自己的殷勤、努力或好运。他反而会承认这是出于神，而将一切所应得的称赞归给他。同时，若当其他的人事事顺利，他自己反而没有进步，甚至退步时，他仍会以平衡和节制的心在这卑微的景况中忍耐，其心态胜过不敬虔之人对没完全达到自己所期待之成功时的心态。因他心里拥有某种慰藉，使他能平心静气地行事为人，甚至超过一切最富有或地位最高的人。因他相信神为他安排的一切是使他蒙救恩最好的方法。圣经告诉我们，大卫就是存这样的心态；当他跟从神并将自己交托在神的带领之下，宣告自己就如刚断奶的婴儿一样，并说重大和测不透的事他也不敢行（诗131：1—2）。

10. 自我否定帮助我们在患难中忍耐

就敬虔之人而论，我们以上所说的平安和忍耐不止是发生在他生命中的某些方面，而是包括他今生所遭遇的万事。因此，唯有那将自己完全交给神，甚至让神管理他生命的各部分的人，才是真正否定自己的人。拥有这样心态的人，不管遭遇何事，必不视自己为可悲之人或恶意地向神埋怨他的景况。我们只要想到我们可能遭遇的许多不幸之事，就会发现拥有这样的心态是何等的必要。各种不同的逆境不断地威胁我们，有时遭瘟疫，有时遇战争，有时冰雹损害我们的五谷，破坏一整年的一切希望，使我们落入贫困的景况中；

我们的妻子、父母、儿女、邻舍被死亡夺去；我们的房子失火。一般人因这类的光景就咒诅自己的生命，憎恶自己的出生，责怪天、咒骂神，并亵渎地指控神不公平和残忍。然而，在这一切的逆境中，信徒必须仍然仰望神的慈爱和他父亲般的宽容。如此，当他的亲人一个一个地被夺去，使他落入孤单，甚至在这样的光景下，他也不会停止颂赞神，反而会这样思考：无论如何，那祝福我家庭之神的恩典不会离弃我。或若他的五谷被寒天、冰雹或饥荒摧毁，他也不至于绝望或埋怨神，反而仍旧坚定地信靠他（参阅诗 78：47）："这样，你的民，你草场的羊，要称谢你。"（诗 79：13）因此，即使在贫困中，神必供应我们一切所需要的饮食。信徒若患病，就连在这时候他也不会被这极大的痛苦击垮到不耐烦和埋怨神的地步，他反而因思想神在管教中的公义和温柔而提醒自己当忍耐到底。总之，不管他遭遇何事，因他确信这是神所预定的，就仍抱着平安和感恩的心，免得悖逆地违背他从前一次就全心全意所信靠之神的吩咐。

　　基督徒要特别远离异教徒愚昧和可恶之自我安慰的方式；在遭受患难时，他们将这一切归于命运。他们认为向命运发怒是极其愚昧的，因命运是盲目的，伤害好人也伤害坏人。相反地，敬虔的原则是，唯有神是命运的主宰，他的手赐给人顺境或逆境，而且神并非盲目地对待人，而是公义地赐给人顺境或逆境。

第五章 背十字架[①]

跟随基督的人当背起自己的十字架（1—2）

1. 基督的十字架和我们的十字架

然而，敬虔的人却应当有更高的追求，到达基督所呼召他门徒的程度：每个门徒必须背起自己的十字架（太 16：24）。因神所收养并视为配得与他交通的人应当准备遭受艰难、困苦、不平静的生活，他们的一生中将充满各种不同的患难。我们在天上的父神喜悦这样置他的儿女们于某些试炼之中，以便更好地操练他们。从神的长子基督开始，这是神对他一切儿女的计划。虽然神爱基督胜过他一切其他的儿女，且虽然基督是父神所喜悦的儿子（太 3：17，17：5），然而，在基督身上，我们可以看到神不但没有纵容或宠坏他，反而让他在世上背负十字架。事实上他的一生就是某种十字架。使徒告诉我们为什么："基督因所受的苦难学了顺从。"（来 5：8）

那么，难道我们想要逃避基督——我们的元首——所甘心乐意接受的处境吗？特别是当我们想到，基督为了我们甘心背负十字架，

[①] 《基督教要义》第三卷第八章，"背十字架，自我否定的一部分"。

做我们忍耐的榜样。而且保罗教导我们，神预定他一切的儿女效法基督的样式（罗8：29）。所以，在受苦和艰难的处境中，虽然我们常将之视为逆境和有害的，我们仍能因此获得极大的安慰。神使我们与基督的苦难有分，好让我们如基督经过各式各样的苦难才进到天堂的荣耀中一样，经过许多的患难，至终进入同样的荣耀（徒14：22）。保罗在别处也告诉我们：当我们与基督一同受苦时，我们能体会他复活的大能，且当我们在死亡中效法基督时，神借此训练我们与基督荣耀的复活有分（腓3：10—11）。当我们想到我们越受患难，就越肯定我们与基督彼此的交通时，我们十字架一切的苦痛就大大地减轻！因若我们与基督有交通，就连苦难本身都不但要成为祝福，也会大大地帮助我们成圣。

2. 十字架引领我们完全信靠神的大能

此外，我们的主本不需要承担十字架的苦痛，他担当十字架唯一的原因是接受试炼，证明他对父神的顺服。然而，对我们而言，我们之所以必须一生背十字架，有许多的理由。首先，既然我们的肉体生来倾向于将一切的完全归在自己的努力之上——除非神使我们亲眼看到自己本相中的软弱——我们很容易过分看重自己的美德。我们也毫不怀疑，不管自己遭受何种障碍或诱惑，我们的美德仍会毫不受损，必然得胜。我们对自己的肉体有如此愚昧和虚妄的自信，而且我们一旦靠自己的肉体，就使我们在神面前心里傲慢，仿佛自己的才能和力量在神的恩典之外足够我们用似的。

最能勒住我们心里傲慢的方式，就是神使我们亲自经历到，我们不但毫无能力，而且非常软弱。所以神以羞辱、贫困、悲哀、疾病或其他的灾难熬炼我们。我们完全无力承受这样的灾难，事实上，会马上因此屈服。神这样叫我们惭愧之后，我们就学会如何仰望他的大能，因神的全能才能使我们在患难的重担下站稳。其实就连最敬虔的人，不管他多么承认自己是靠神的恩典而非自己的力量站稳，还是免不了过于相信自己的勇气和坚定，除非神借十字架的考验使他们更清楚地认识神。连大卫自己也有过这自信："至于我，我凡事平顺，便说：'我永不动摇。'耶和华啊，你曾施恩，叫我的江山稳固；你掩了面我就惊惶。"（诗 30：6—7）大卫承认在顺境中，他的心已认为是理所当然的了，甚至忽略他所应当依靠之神的恩典，而依赖自己，向自己保证他永不跌倒。既然这事发生在这么伟大的先知身上，难道我们不应当因此更谨慎自己吗？

当信徒们过得平顺时，就倾向于以自己的恒久忍耐为傲，然而到最后却发现这一切是虚假的。当神充分证明信徒们的软弱时，就让他们在谦卑上长进，并除去这邪恶属肉体的自信，而依靠神的恩典。当信徒们依靠神的恩典时，就经历到那保守他们到底之神全能的同在。

对于教导我们忍耐和顺服这是必需的（3—6）

3. 十字架使我们经历到神的信实并赐给我们对将来的盼望

这也是保罗教导我们的："患难生忍耐，忍耐生老练。"（罗 5：3—4）信徒们亲自发现神在患难中将与他们同在的应许是真实的（参阅林后 1：4）。信徒因受神膀臂的扶持而有恒久忍耐，且这忍耐完全在他们肉体的力量之外。圣徒在忍耐中经历到神照自己的应许供应他们所需要的帮助。这经验也坚固他们的盼望，因为假使信徒在苦难中经历神的帮助之后，不相信神在未来将会一样信实，这是极大的忘恩负义。

由此可见，背十字架使我们大大地获益。十字架既然毁坏我们对自己力量毫无根据的自信，以及揭露我们所喜爱的假冒为善，这十字架就帮助我们不再依靠自己的肉体。十字架借使我们虚己，教导我们唯独依靠神，而使我们不至于丧胆或跌倒。我们每一次的胜利都使自己的盼望得以刚强，因神借成就他的应许，使我们确信他以后也会一样信实。即使我们以上所提的是唯一的理由，这已足以证明背十字架实在使我们获益。

而且神若除去我们一切盲目的自爱，好使我们更确信自己的无能为力，这对我们是极大的帮助。在发现自己的无能为力之后就不再依靠自己，不依靠自己是要我们完全依靠神，神要我们全心信赖他，好让我们在依靠他的帮助时坚忍到底；神要我们仰赖他的恩典，使我们确信他的应许是真实的，而确信他的应许使我们的盼望得以坚固。

4. 十字架训练我们忍耐和顺服

神使他的百姓遭受患难也有另一个目的：试炼他们的耐心和教导他们顺服。我并不是在否认他们一切的顺服都是神所赐的，只是神喜悦以充分的证据证实他赐给圣徒的恩典，免得这些恩典仍被隐藏在圣徒心内。所以，当神借他仆人公开表现他所赏赐的忍耐和坚定时，圣经称之为操练他们的耐心。因此，亚伯拉罕没有拒绝将他的独生子献为燔祭（创22：1、12），这是神对亚伯拉罕的考验，也证明亚伯拉罕的敬虔。彼得同样也教导：就如精金在火炉里被炼净，我们的信心也照样受试炼（彼前1：7）。谁会否认神赏赐忍耐这美好的恩赐，是要信徒运用在生活上，并使之公开地表现出来？而信徒若没有运用这恩赐，就不会看重这恩赐。

但若神这样赏赐圣徒发挥他赐给他们的恩赐的机会，免得这些恩赐仍被隐藏在心内（事实上是会逐渐消失的），这就充分证明神使圣徒遭受患难是公义的，是为了操练他们的忍耐。他们所背的十字架也教导他们顺服，因十字架训练他们行事为人不再照自己的意思，乃照神的旨意。显然，若在他们身上万事皆如意，他们就无法明白何谓跟随神。塞涅卡也告诉我们，古时在劝人忍受患难时也常采用这谚语——"要听从神"。古人使用这谚语就暗示我们，只有当人将自己交付神的管教时，才真正开始负神的轭。我们应当在万事上顺服我们的天父，显然不可拒绝神以各种方式训练我们顺服。

5. 十字架是良药

况且，除非我们发现自己的肉体是多么倾向于想甩掉神的轭，否则我们就无法明白顺服神是多么的必要。因我们的肉体与倔强的马相似，马若被放开几天，它们就任性到无法被驯服，它们也不再认得它们从前所顺服的主人。并且，神在以色列人身上所斥责的罪，同样也一直在我们的身上，我们因渐渐肥胖，就踢那滋养我们的神（申32：15）。其实，神的慈爱应当吸引我们珍惜和爱他的良善。然而，既然我们的心充满恶意，神的慷慨反而使我们的心败坏，所以神就必须以某种管教勒住我们，免得我们至终完全放纵自己。因此，为了避免我们在富足中变得放荡，在人的尊荣下变得骄傲，在其他极大的祝福下（不管是灵魂还是身体上的）变得傲慢，神照他自己的美意以十字架的苦难管理我们和勒住我们不受约束的肉体。他也用各种方式照各人的需要操练各人。因我们不都患同样的疾病，因此不是所有人都需要同样艰难的治疗方式。由此可见，神使用某种十字架试炼这人，而用另一种十字架试炼那人。我们天上的医生用比较温和的方式治疗一些人，而用较严厉的方式治疗另一些人。他喜悦所有信徒都得医治，但他试炼每一个选民，因他知道我们都有疾病。

6. 十字架是父亲般的管教

此外，我们慈悲的天父不但因我们的软弱，也因我们所犯过的罪必须苦炼我们，好使我们继续顺服他。因此，每当我们受难，就应当立刻想到以前的过犯，这样我们必能想到我们以前犯过某种值得被苦炼的罪。然而，神劝我们忍耐的主要原因不只是要我们知罪，圣经明确教导我们，神劝我们忍耐的主要目的：神以患难惩治我们，"免得我们和世人一同定罪"（林前11：32）。

所以，就连在患难的困苦之中，我们都必须相信父神对我们的慈爱和慷慨，因神甚至使用这样的苦难，不断地使我们成圣。因神以患难待我们，并不是要叫我们灭亡，而是要救我们脱离在世人身上的咒诅。这样的想法就会引领我们相信圣经的另一处教导："我儿，你不可轻看耶和华的管教，也不可厌烦他的责备，因为耶和华所爱的，他必责备，正如父亲责备所喜爱的儿子。"（箴3：11—12）当我们被父神杖打时，难道不应当证明自己儿女般的顺服和受教导的心，而非傲慢地效法刚硬犯罪之人对受难的反应吗？当人离弃神时，神若不是以管教使这人归回真道，就是任凭他沉沦。如此，神说：不受管教的人是私子，不是儿子（来12：8）。

如此，若当神借管教宣告他对我们的慈爱和救恩的关怀时我们无法忍受，就充分证明我们的悖逆。圣经教导我们，这就是非信徒和信徒的差别：前者就如刚硬、恶贯满盈的奴隶在受难中变得越来越刚硬；后者就如神的自由之子，已悔改归向父神。因此，你必须选择做哪一种人。然而，因我们在前面已谈过这主题，我就不再详细解释。

在逼迫和其他的灾难中背十字架（7—8）

7. 为义受逼迫

为义受逼迫也是神独特的安慰，因我们应当想到神给我们佩戴上他军队的徽章是极大的尊荣。我说的不只是那些为真道竭力争辩的人，也包括那些在任何方面为义的缘故受逼迫的人。因此，我们或面对撒旦的虚谎而宣告神的真道，或在恶人的攻击下为良善、无辜的人辩护，都会遭受世人的逼迫和恨恶，甚至使我们的性命、财富或荣誉落在危险中。当我们这样为神受难时，我们不要担忧或感到烦扰，或将自己视为可悲，因神亲口宣告我们是有福的（太5：10）。若只考虑贫困、放逐、被藐视、坐牢、羞辱甚至死亡本身，这些的确是灾难。然而，当神的祝福临到我们身上时，各式各样的灾难都成为我们的福分。所以，我们应当满足于基督所见证的，而不是我们属血气的判断。我们若这样顺服就必定与保罗一同欢喜。每当我们被算是配为基督的名受辱（徒5：41）时，我们应该如何看待这事呢？我们虽然无辜并保持无愧的良心，却因不敬虔之人的恶行丧失自己的财产，在人眼中我们的确被视为穷困，但在神眼中我们真实的财富反而加增了。若我们的骨肉不认我们，将我们从家里赶走，神必定更亲近地接纳我们到他自己的家中。我们若受难和被人藐视，我们就在基督里更深地扎根。我们若为主的缘故受辱，我们在天国里的地位就更高。我们若被谋杀，就必进入那蒙福的生命中。我们千万不可将神所看重的事视为不如今世的虚妄和转眼成空的诱惑。

8. 基督徒在背十字架的苦难中蒙神的慰藉

当我们为义遭受着羞辱或者患难时，圣经的这些教导和类似的教导成为我们极大的安慰。因此，我们若不甘心乐意地接受神亲手带给我们的苦难，就证明我们的忘恩负义，特别是因为，信徒背这样的十字架是极为恰当的，而且基督喜悦在我们受难时从我们身上得荣耀，就如彼得所教导的那样（彼前4：12及以下）。然而，既然对正直的人而言，受辱比丧失一百条性命更难受，所以，保罗特别警告我们，一切渴望永生神的人不但会受逼迫，也会因他的名受辱（提前4：10）。故在另一处经文中，保罗盼咐我们无论是在恶名或美名中都要效法他的榜样（林后6：8）。

然而，神所要求我们甘心乐意的心态，并不会除掉一切苦难和痛苦的感觉。因除非圣徒被痛苦和艰难折磨，否则即使背十字架也学不会忍耐。若贫困不难受，生病没有折磨，受辱中没有痛苦，面对死亡没有惧怕——人若能淡然地接受这些灾难，神如何能因此教导我们勇气和节制呢？但既然这些灾难都带有内在的痛苦，并熬炼我们，这就彰显信徒的勇气，只要他在这苦难中，不管这苦难有多难熬，都能毫不胆怯地抵挡它，就会至终胜过它。而且，当他极其痛苦地受刺激，且因他对神的敬畏勒住他放纵任何的私欲，他的忍耐也有显明的机会。他若在悲哀和苦恼中仰赖神属灵的慰藉，这就显出他的喜乐。

基督徒视苦难出于神，却不像斯多葛主义者无奈地接受（9—11）

9. 基督徒不像斯多葛主义者，在受苦难时表现自己的痛苦

信徒在忧伤这类自然情感中挣扎地保持耐心和节制，就如保罗恰当地描述的："我们四面受敌，却不被困住；心里作难，却不至失望；遭逼迫，却不被丢弃；打倒了，却不至死亡。"（林后4：8—9）由此可见，我们并非麻木或毫无知觉地忍受十字架。我们的忍受方式不是古时的斯多葛主义者对"那灵魂伟大之人"的描述：在人一切与生俱来的情感被去除之后，不管他受难或兴旺，经历忧伤或快乐都有同样的反应——事实上，就如石头那样没有任何的感觉。然而，这所谓的崇高智慧带给他们怎样的益处呢？他们所描述的忍耐是从来没有人经历过的，而且人根本做不到。反而他们因想捏造完美的忍耐，就把目标设立在人的能力之外。

在基督徒当中也有一些新的斯多葛主义者，他们认为呻吟和流泪，甚至忧伤和担心都是邪恶的行为。这些似是而非的论调多半来自一些无所事事的人，他们宁愿冥想也不愿行动，到最后只能设想这类似是而非的论调加给我们。然而，我们与这种无情的哲学毫无关联，主耶稣基督的话语和榜样都斥责这种哲学，因在他自己和别人受难时也呻吟和流泪。他也如此教导他的门徒："你们将要痛哭、哀号，世人倒要喜乐。"（约16：20）而且，为避免有人视这情感为罪恶，基督公开地宣告："哀恸的人有福了。"（太5：4）这并不足为怪！因若神禁止一切的流泪，那么我们要如何看待主的汗珠如大血点滴在地上？（路22：44）若一切的惧怕都是出于不信，那我

们要如何看待基督自己所深感的惧怕？（太 26∶37；可 14∶33）我们若弃绝一切的忧伤，那么我们如何接受基督的这句话："我心里甚是忧伤，几乎要死"？（太 26∶38）

10. 真忧伤以及真忍耐的争战

我这样说是要救敬虔之人脱离一切的绝望，免得他们因无法除去自然情感中的忧伤而放弃寻求忍耐。一切将忍耐当作某种麻痹的感觉，并将勇敢、坚忍的圣徒视为木头人的人，至终必定放弃寻求忍耐。因当圣徒受难，却不至于崩溃或跌倒；虽然受苦炼，却同时充满属灵的喜乐；有时心里惧怕，却因神的慰藉而更新时，圣经就称赞他们。同时，他们在心里有某种挣扎：他们肉体的感觉逃避和惧怕一切的逆境，但他们敬虔的心却渴慕在这些苦难中恒心顺服神的旨意。主对彼得所说的这段话表现信徒心中的这争战："你年少的时候，自己束上带子，随意往来；但年老的时候……别人要把你束上，带你到不愿意去的地方。"（约 21∶18）当彼得必须借殉道荣耀神时，他不太可能不愿意和抗拒为主受死，否则，他的殉道就没有什么可称赞的。然而，他虽然热烈地顺服神所给他的这吩咐，但因他未曾完全脱去自己的肉体，所以他在某种双重意志中挣扎。当他思考到他将受大痛苦、流血之死时，他因自己的惧怕会期待逃避这些事。另一方面，当他想到是神自己的吩咐时，他就克服，甚至践踏了他的惧怕，而甘心乐意地为主受死。我们若想做基督的门徒也必须如此行，我们心里要怀着对神的敬畏和顺服，甚至驯服和治死一切抵挡神的情感。在这种情况之下，不管神让我们背怎样痛苦的十字架，就连在心里经历最大的挣扎中我们仍能忍耐。这些患难本身带给我们痛苦：在患病时，我们呻吟并渴望身体的复原；在贫困时，担心和忧伤的箭刺入我们的心；我们也遭受羞辱、厌恶、不公义的对待；我们参加亲戚的葬礼时也自然地流泪。然而，我们最后的结论总是：这是神的旨意，所以就让我们随从他的旨意。事实上，在痛苦、呻吟和流泪当中我们必须这样想，好使我们能甘心乐意地接受神使我们经历的这一切。

11. 哲学与基督教对忍耐的立场

既然我们说思想神的旨意是我们忍受十字架主要的原因，所以我们现在要简洁地解释哲学与基督教对忍耐的不同观点。的确，哲学家们的理智很少丰富到能理解神以患难亲手试炼我们，而我们因此就当顺服。他们提出的唯一理由是：忍耐是不得已的。难道这不就是在说你必须顺服神，因为抵挡他是徒然的吗？我们顺服神若只是因为这是必需的，那么，我们一旦有逃脱的机会就会立刻不再顺服他。然而，圣经在神的旨意中所要我们思考的截然不同：首先是公义与公平，其次关系到我们的救恩，这就是基督教对忍耐的劝勉。不管我们遭遇贫困、放逐、坐牢、羞辱、疾病、死亡，还是其他的灾难，我们必须深信这一切都是出于神的旨意和护理，也是出于神完美的公义。那么，难道我们天天因无数的过犯所应得的患难，比神出于他的慈爱所给我们的更多吗？难道我们的肉体被驯服和习惯负神的轭，免得我们放荡的本性暴露出来是不公平的吗？难道维护神的公义和真理不值得我们受难吗？若我们在受难中，神的公平无疑地彰显，那么我们的埋怨和抗拒就证明我们的大罪。我们在圣经的教导下必不理会这虚妄的劝勉："我们必须忍耐，因为是不得已的。"圣经给我们的则是活泼、极有功效的吩咐："我们必须顺服，因为不顺服是神所不喜悦的；我们必须忍耐，因为不耐烦是对神公义的悖逆。"

那么，既然我们只喜欢那些我们视为帮助我们蒙救恩和受益的事，我们慈悲的天父就以此安慰我们。神宣称他使我们遭受的一切患难，都于我们的救恩有益。显然，我们一切的患难都使我们获益，难道我们不应当以感恩和平静的心忍耐吗？所以，当我们忍耐的时候，我们并不是不得已地接受一个无法改变的事实，而是在为自己的益处而接受。如此，在我们背十字架时，不管我们的肉体感到多么痛苦，我们同时也将充满属灵的喜乐。之后，这喜乐使我们心存感恩；然而，既然我们对神的赞美和感谢只能出于喜乐的心，而且没有任何事物能拦阻我们对神的赞美和感谢，显然十字架的痛苦必定伴随着属灵的喜乐。

第六章　对永世的默想[①]

神借患难减少我们对今世过度的爱（1—2）

1. 今世的虚空

不管我们遭受何种患难，我们必须明白这样的目的：借此训练自己轻看今世，并因此被驱使默想永世。因为神既然最知道我们生来何等喜爱这世界，他就用最恰当的方式拦阻我们，并借此除掉我们的懒惰，免得我们过于贪爱这世界。我们每一个信徒都盼望一生仰望和寻求天上的永生。我们若不如禽兽是极为可耻的，但如若我们没有死后永生的盼望，那么我们的光景与禽兽没有两样。然而，你若检视人的计划、努力和一切行为，你会发现都是属世的。我们的心被世间的名利和权力所迷惑，而盲目到看不见别的，这就证明我们的愚昧。我们也因充满贪心、野心和淫欲，无法感受到世俗之外的事。总之，人的整个灵魂因受肉体诱惑的吸引，完全在世上寻求快乐。为了抵挡这邪恶，神不断地证明世界的悲惨，好教导信徒今世的虚空。为了免得他们在心里期望在世上获得永久满足他们的

[①]　《基督教要义》第三卷第九章，"对永世的默想"。

平安，神使他们常常遭遇战争、纷争、抢劫或其他灾难。神为了约束他们迫不及待地追求转眼即逝的钱财，或依靠自己拥有的财富，就使他们被放逐、遭饥荒、火灾，或以其他方式，使他们落在贫困中，或至少拦阻他们发财。为了避免他们过度地享受婚姻所带来的幸福，神就以堕落的妻子、悖逆的儿女，或丧亲的痛苦试炼他们。然而，如果神在这一切的事上比较慷慨地对待他们，但为了避免他们因骄傲或自信而自高自大，神就借疾病和灾难使他们确知物质有多靠不住，转眼成空。

唯有当我们发现今世在各方面充满患难、困苦以及许多令我们不快乐的事，没有任何方面是幸福的；今世所带来的幸福是不可靠、转眼即逝、虚空的，同时带给我们各式各样的害处，我们才从十字架的苦炼中真正获益。由此可见，我们在今世只能期待争战，也应当提醒自己：我们的冠冕在天上。总之，我们要深信：除非人在心里开始轻看今世，否则他绝不会认真地寻求和默想永世。

2. 我们的倾向是忽略今世的虚空

显然，这世界对我们而言若非毫无价值，便会吸引我们过度地爱它，不会有第三种可能。因此，我们若对永恒有起码的关心，就必须殷勤设法甩掉这些世界的锁链。既然今生有许多吸引我们的诱惑，还有许多哄骗我们的快乐、恩惠和甘甜，那么，从这种享受中不时被呼唤离开就对我们很重要，免得我们沉迷于这些诱惑。若各种苦难不断地提醒我们，我们仍然无法醒悟而对今世的悲惨做出正确的判断，反而一直享受财富和快乐，那么我们的人生会是怎样的呢？

人生如烟（参阅诗102：3）或影儿（参阅诗102：11）不只是有学问的人才知道的，就连在凡夫俗子中也没有比这更普遍的俗语。且既然他们认为这事实对人而言是极为有益的，所以他们的格言也表达此意。然而，几乎没有任何事物比这更容易被人忽略或忘记，因我们行万事就如自己打算在今世建立永恒。一旦我们看到尸体被埋葬，或我们在坟地中行走，因直接面对死亡，就会出色地论说今世的虚空。然而，我们在这事上也是前后不一致的，因为这一切的事经常对我们毫无影响。当我们谈完之后，很快就忘记了，我们的哲学如烟转眼消散，之后，就如在戏院里的掌声，这些言谈很快就消失了。我们不但忘记死亡，甚至也忘记自己必死的事实，且如我们从未面对过这事实，就又归回到我们在地上永远不死的确信里去了。若有人在任何时候，口里冒出"人是一日之物"这谚语，我们的确会承认这事实，却没有留意之，以至于在地上不死的概念仍旧锁住我们的心。因此，人们无法否认神用各种经历说服我们今世的悲惨对我们有极大的益处。事实上，即使在我们被说服之后，我们也几乎无法停止邪恶并愚昧地赞扬我们在世上的人生，就如这人生提供我们一切的好处。但既然神喜悦这样教导我们，我们就有责任留心听，好使我们离弃自己的懒惰，并因厌恶这世界就全心全意地默想永生。

对这转眼即逝、不能满足我们之今世正确的判断，使我们默想永世（3—6）

3. 对今世的感恩！

我劝信徒养成轻看今世的习惯，尽管不是恨恶今世或对神忘恩负义。事实上，今世虽然充满无限的悲惨，我们仍然有责任将之视为从神而来不可拒绝的福分。其实，我们若在今世看不到神任何的祝福，就已经在心里犯了严重的忘恩负义之罪。特别对信徒而言，今世应当向他们见证神的良善，全然是为了促进他们的救恩。因在神使他的百姓确信他们在荣耀中有永远的产业之前，他首先采用较小的证据向我们证明他是我们的天父。这些就是他天天赏赐我们的福分。既然今世使我们明白神的良善，难道我们应当藐视它，仿佛它对我们毫无益处吗？所以，我们必须习惯将今世视为来自神慷慨的福分之一，绝不应当拒绝。圣经对这事实有既丰富又清楚的证据。但即使圣经没有这样的启示，就连大自然本身也劝我们感谢神，因他赏赐我们生命，允许我们使用这世界，并供应我们一切所需要的，以保守这生命。

而且，当为今世感谢神之更大的理由是：我们这一辈子是在预备享受天国的荣耀。因神预定那些他在天上将加冕的人必须先经过地上的争战，使他们直到胜过战争中的一切困难之后才夸胜。

还有另一个原因是：我们在今生因领受神不同的福分，就预尝神慷慨的甘甜，好激发我们更盼望和渴慕这慷慨在天上完美的显明。当我们确信今世的生命是出于神仁慈的恩赐，因此我们欠神的债时，就应当心存感恩。之后，我们早晚将发觉今世的悲惨，好使我们不至于因我们与生俱来的倾向而贪恋世俗。

4. 对永生正确的渴慕

我们越减少对今世的爱，就会越渴慕永生。我同意这样一种看法颇有见地：认为最好的景况就是未曾出生，其次是在出生之后很快就死亡的情况（参阅传4：2—3）。既然他们没有受神真理的光照，他们在今世触目所及不都是令人忧伤和厌倦的事吗？如此，那些以忧伤和流泪庆祝亲戚的生日，却以快乐的心参加他们葬礼之人并非没有理由。然而，这一切并没有使他们获益，因他们既然没有信心，就无法明白不幸或人所厌烦的事如何能互相效力以叫敬虔的人得益处，他们因此在绝望中做出以上的结论。

那么，当信徒判断自己必死的生命时，既知道今世所带来的不过是悲惨，就当更热烈地默想永世。当我们将今世与来世相比时，我们不但可以忽略这必死的生命，甚至应当轻看和厌恶它。因若天堂是我们的家乡，难道地上不就是我们被掳掠之处吗？若离开世界等于进入永生，这世界难道不就是坟墓吗？而且人在今世的生活难道不就是某种死亡吗？若离开身体等于获得释放和得到完全的自由，难道这身体不就是监牢吗？若享受神的同在是快乐无比，难道缺乏这快乐不就是忧伤本身吗？然而，除非我们离开世界，否则"便与主相离"（林后5：6）。因此，我们若将地上的生命与天上的做比较，无疑地，我们会立刻藐视地上的生命并将之践踏在我们脚下。当然，我们是因这生命使我们常常犯罪而厌恶它，虽然我们对这光景的厌恶不能说是恨恶这生命本身。无论如何，我们对待今世的态度应该是：我们既因对今世的厌倦和厌恶而期待它的结束，同时也照神的旨意珍惜他所给我们的每一个新的日子，好让我们的疲倦最终不至于成为埋怨和不耐烦。因今世就如哨岗，神差派我们在那里站岗直到他呼召我们离开。使徒保罗感觉到长久受身体的捆锁，为这光景悲伤并迫切地叹息渴慕救赎（罗7：24）。然而，为了顺服神的吩咐，保罗宣告：或离世与基督同在，或继续在肉身活着，他都愿意接受（腓1：23—24）。因他承认或以生命或以死亡荣耀神，都是他欠神的债（罗14：8）。然而，哪一种光景最能将荣耀归给神都是由神自己来做决定。因此，既然我们应当为主而活并为主而死，我们就当将我们何时离世的决定交付给神，且同时既热切地期待死亡，也经常默想永世。而且，在将今世与永世比较时，我们就当轻看今世，并因罪的捆绑，渴慕在神喜悦的时候离世。

5. 当弃绝一切对死亡的惧怕！

然而，可怕的是许多自称为基督徒的人不但没有渴慕死亡，反而惧怕它，甚至每当听到死亡时就战兢，好像它是极大的灾难。显然，我们与生俱来的情感在思想到身体的死亡时感到惧怕是自然的。然而，不能接受的是，在基督徒的心里没有任何敬虔的光能以比这惧怕更大的安慰克服以及压抑这恐惧。因我们若相信这不稳固、有瑕疵、必朽坏的、转瞬即逝的、衰残的、腐烂的身体之帐棚即将被拆毁，并立刻要受更新成为稳固、完全、不朽坏的身体，及披上天上的荣耀，难道这信心不会驱使我们迫切地寻求肉体所惧怕的吗？我们若相信死亡呼召我们从掳掠中归回本国，就是天国，难道这事实不会成为我们极大的慰藉吗？

然而，或许有人会反对说：没有任何有生命的受造物不渴望存活。我完全同意，但我坚持的是我们最在乎的应当是那将来不死的生命，因我们在那里将经历到世界不能提供给我们的永远稳固的生活。保罗清楚地教导信徒期待死亡："并非愿意脱下这个，乃是愿意穿上那个。"（林后5：2—3）难道野兽，甚至没有生命的受造物——树和石头——因意识到它们现在虚空的存在，都切望等候复活之日，好与神的儿女们一同脱离这虚空的光景（罗8：19及以下），那难道我们这拥有理解力甚至蒙圣灵光照的人，在我们的存在这极为重要的事上，不能看穿今世必朽的光景吗？

但我并无意（至少现在不是恰当的时机）斥责这极大的罪恶。

我从一开始就明说我不打算详细讨论较次要的问题。但我要劝胆小者研读西普里安的作品《论人的必死》（*On the Mortality*），除非他们宁可研究哲学家们对死亡的立场。然而，就连哲学家也无畏于死亡，这应当令他们感到羞耻。

我们要坚定地相信：那不喜乐地等候死亡和复活之日的人，对基督教的了解非常有限。保罗也描述信徒都有等候死亡的特征（多2：13；参阅提后4：8），而且每当圣经向我们证明完美的喜乐时，经常提醒我们这盼望。基督说："你们就当挺身昂首，因为你们得赎的日子近了。"（路21：28）难道神喜悦用来激励我们使我们欢喜、快乐的事，反而只令我们感到忧伤和惧怕，是合理的吗？若是这样，我们为何仍夸耀他是我们的主呢？因此，我们要持守更正确的立场。虽然我们的肉体盲目，且愚昧的私欲反对，我们仍要毫无疑惑地等候主的再来，不但要渴望他的降临，也应当将之视为最令我们快乐的事而叹息渴慕之。他将以救赎者的身份降临，并在救我们脱离这充满各种邪恶和悲惨的世界后，引领我们进入那永生的荣耀产业。

6. 信徒在渴望永世时，蒙神安慰

显然，众信徒在继续活于世上时，为了效法基督——他们元首——的榜样，必须"如将宰的羊"（罗8：36）。如此看来，除非他们思念天上的事胜过世界的事，不只在今生有指望（林前15：19），否则他们是极其可悲的人。相反地，一旦他们停止思念地上的事而开始仰望神时，即使他们看到恶人在财富和尊荣上兴旺，享受平安，以及以他们一切华丽、显赫的财产为傲，享受种种娱乐——就算信徒因这些人的恶行受害，忍受他们的辱骂，因他们的贪心有所亏损，或被他们的私欲所烦扰——他们也能毫无困难地在这样的

苦难中忍耐到底。因他们所仰望的是，神将接他忠心的百姓到天国的平安之日，神要"擦去他们一切的眼泪"（启7：17；参阅赛28：8），要给他们穿上那荣耀、欢乐的长袍，要以他说不出来的甘甜和喜乐喂养他们，与他们一同完美地交通，使他们与他的喜乐有分。然而，那些在今世兴旺的不敬虔之人将遭受最悲惨的羞辱：神要使他们的欢乐变为折磨，叫他们的笑声和快乐变为哀哭、切齿；他将折磨他们的良心，使他们没有平安；他将以不灭的火惩罚他们的淫恶（参阅赛66：24；太25：41；可9：43、46；启21：8）；他也将强迫他们低头，服在敬虔的人之下，即那些忍耐被践踏的人之下。就如保罗所见证的，这就是公义！使曾经忧伤、不公义受害的人得安息，以患难报应曾经叫敬虔之人受患难的恶人，这都是在主耶稣从天上显现时即将发生的（帖后1：6—7）。

　　这的确是我们唯一的安慰，这安慰若被夺去，我们或落在绝望中，或被吸引受这世界虚空的安慰而至终灭亡。连先知都承认，当他见恶人享受兴旺时，他的脚几乎失闪（诗73：2—3），而直到他进了神的圣所，思想恶人的结局时才明白（诗73：17）。综上所述，若信徒仰望神复活的大能，那么在他们的心中，基督的十字架至终将胜过魔鬼、肉体、罪以及恶人。

第七章　今世生活的原则[①]

信徒当把握享受今世的福分视为神的恩赐（1—2）

1. 双重的危险：对今世的态度或过于严厉或放荡

在这基本的教导下，圣经也适时教导我们如何正确使用今世的福分——于我们日常生活不可忽略的教导。因我们若要在世上生活，就必须使用那些能帮助我们生活的事物。而且，我们也不能避免使用那些不仅满足我们基本的需要，也带给我们快乐的事物。因此，我们必须有一个原则，使我们能以无亏的良心使用今世的事物，无论是满足我们基本的需要或是带给我们快乐。当神教导今世对他的百姓而言是某种快速通往天国的历程时，他就告诉我们这原则（利25：23；代上29：15；诗39：13，119：19；来11：8—10、13—16，13：14；彼前2：11）。我们既然在这历程中必须经过今世，那么，无疑我们就应当使用今世的福分，只要它是帮助我们而不是拦阻我们前进。因此，保罗正确地勉励我们用世物的，要像不用世物，并置买的要像无有所得（林前7：30—31）。

[①] 《基督教要义》第三卷第十章，"信徒应当如何使用今世和其中的福分"。

但既然这是经常被人误会的主题，且若不谨慎就可能滑向两个不同的极端，就让我们谨慎我们的脚步。曾经有一些在多方面良善、圣洁的人，当他们发现不节制和放荡若不受严厉约束就会一发不可收拾时，他们想改变这危险的邪恶。但他们的方式是：他们只允许人在基本的需要上使用世物。虽然这的确是属灵的教导，但他们太过严厉地执行。他们对良心的约束比神真道的约束更严谨，这是非常危险的。而且他们对"需要"的定义是：人要远离生活所不必需用的一切，因此，对他们而言，我们一切所被允许的食物只是面包和白开水。有人的教导比他们的更严格，据说底比斯的克拉特斯（Crates the Theban）将他一切的财产扔到大海里去，因他认为除非他毁坏它们，否则它们至终将毁灭他。

然而，今日也有许多人找借口过度地使用世物，而给放纵肉体铺路。他们理所当然地认为，使用世物的自由不应当被约束，而是应当由每个人的良心决定如何使用。对此我并不以为然。我当然同意人的良心不应当受任何来自律法公式化的约束，然而，既然圣经给我们如何使用世物的一般原则，那我们就应该按照圣经的教导约束自己。

2. 主要的原则

我们的原则是：若我们按照神创造世界的目的使用他的恩赐，这并没有错。因神创造这一切是为了我们的益处，并非为了毁灭我们。因此，那认真考虑神创世之目的的人，将会正确地使用这些恩赐。那么，我们若思考神为何创造饮食，就会发现这不但是为了人的需要，也是为了人的享受和使人快乐。除了人的需要以外，神给我们衣裳的目的也是为了美丽和体面。草、树和水果，除了本身实际的用处以外，也有它们美丽的外观和味道（参阅创 2：9）。因若非如此，先知必不会将它们视为是神的祝福："使人……得酒能悦人心，得油能润人面。"（诗 104：15）否则，圣经在称赞神的慈爱时必不会再三地启示是神赐给我们这些。而且各种受造物自然的特色，本身就充分证明它们的作用和我们应当如何享受它们。难道神为我们的眼睛和鼻子创造美丽和芬芳的花，却不允许我们的眼睛欣赏它的美丽，鼻子享受它的香味吗？难道神创造颜色时不是使一些比其他的更好看吗？难道神不是决定金子和银子、象牙和大理石比其他的金属和石头更宝贵吗？简言之，神除了决定一切的受造物有实际的用处以外，难道他不也同时使它们对我们有吸引力吗？

我们不应当放纵地使用这些福分，或贪心地追求钱财，而是在神对我们的呼召上忠心地尽本分（3—6）

3. 认识赏赐恩赐的神，使我们避免心胸狭隘或放纵的行为

我们当远离这不仁道的哲学，即约束人只按照自己基本的需要使用世物，却因此禁止人享受神的慈爱，也剥夺人一切的情感，使人宛如木头。

然而，另一方面我们也应当认真地避免放纵肉体的私欲，因若不约束肉体就会放纵到底。就如我以上所说，真的有一些人以自由的借口劝人毫无节制地使用世物。但神要我们约束肉体，其中一个约束肉体的方式是，承认神创造万物的目的是要我们明白他是造物者，并因此感谢他对我们的慈爱。但你若暴饮暴食到心智迟钝，以至于无法尽神呼召你的本分，难道这算是心存感恩吗？你若放纵情

欲到污染自己的思想，以至于无法分辨正直和可尊荣的事，难道这算是认识神为造物主吗？我们若穿戴高贵、时髦的衣裳，为了荣耀自己，藐视别人，或因衣服的华丽和高贵诱惑自己放纵情欲，难道这算是感谢神吗？若我们总是关注自己外表的华丽，难道我们能同时默想神吗？有许多人放纵自己一切感官的情欲之后，他们的心对神是死的。许多人喜悦大理石、金子和图画到一个地步，以至于最后似乎自己成为大理石、金子或一幅画的样子。又有人被厨房里的美味吸引到对属灵的事没有任何胃口，在其他事上也是如此。因此，我们必须约束自己，免得滥用神的恩赐。我们应当留意保罗的这原则："不要为肉体安排，去放纵私欲"（罗13：14）。我们若过度屈从于这些私欲，最后就会无限制地放纵它们。

4. 盼望永生产生正直的行为

然而，最有效约束自己的方式就是轻看今世和默想天上的永生。我们从此寻出两个规则：我们用世物的要像不用世物，就如保罗所吩咐我们的那样：那有妻子的，要像没有妻子；置买的，要像无有所得（林前7：29—31）。另一个原则是：如此我们会学习如何在贫困中忍耐，以及在富裕中节制自己。用世物的要像不用世物，这不但会使我们在饮食、房屋、衣裳、野心、骄傲和挑剔上更节制，也会减少一切拦阻我们默想天上的永生和热切追求成圣的挂虑与试探。古时候的加图（Cato）说得对："人细心地关心穿着，却大意地忽略美德。"这古老的谚语也说得好："过于关心身体的人，多半忽略自己的灵魂。"

因此，虽然我们不可用某种既定的公式约束信徒外在的行为，然而圣经的确教导这原则：要警醒，免得纵容自己，同时也当尽力避免炫耀自己的财富，更不能放纵私欲，也要谨慎，免得滥用我们所应当用来荣耀神的受造物。

5. 节俭：世上的财产是神所交托的

我们以上所说的第二个原则是：贫穷的人要学习如何忍耐平和地处这贫乏，免得贪婪物质。若他们保持这样的节制，他们将会在敬虔上大大地长进。在这方面没有长进的人几乎没有证据能证明自己是基督的门徒。因为除了贪婪物质的人会经常落入其他的罪中之外，那不甘心于贫穷的人，即便日后富有也要犯放纵的罪。我触及的要点是，以破旧的衣服为耻的人，也会以豪华的衣服为傲；那对简单的饮食不满，渴望更豪华餐宴的人，若当获得他所期待的东西，也会不节制地使用之；不耐烦、忧虑地忍受卑贱景况的人，若之后地位被高举，将会无可避免地傲慢。因此，一切全心全意寻求敬虔的人都应当效法使徒保罗的榜样，学习或饱足，或饥饿，或有余，或缺乏，都能知足（腓4：12）。

此外，圣经也有另一个原则能帮助我们约束自己使用世物。我们在前面讨论神吩咐我们彼此相爱时稍微提过这原则。这原则就是：神出于自己的爱把万物赐给我们，不仅这一切都是为了使我们得益处，神将这一切交托给我们，我们总有一天也要为此交账。所以，我们要常常思想主给我们的这吩咐："把你所经管的交代明白。"（路16：2）同时我们也当牢记最后要我们交账的是谁，就是那吩咐我们要节制、自守、节俭，也同时禁止我们放荡、骄傲、炫耀和虚荣的那位神；他唯一所认可的施舍的动机就是出于爱，他也亲口禁止一切引诱我们离弃圣洁或迷惑我们的娱乐。

6. 神对我们的呼召是我们生活的根基

最后我们也应当牢记这一点：神吩咐，我们一生的举动当仰望他对我们的呼召，因神知道人生来倾向过度急躁、善变，并贪心地想同时拥有许多不同的事物。所以，为了避免人因自己的愚昧和轻率使一切变得混乱，神安排每一个人在自己的岗位上有其当尽的本分，也为了避免任何人越过自己所当尽的本分，神称这些不同的生活方式为"呼召"。因此，每一个人都有神吩咐他的生活方式。这生活方式是某种哨岗，免得人一生盲无目的地度日。神对各人的呼召十分重要。神借此判断人一切的行为，然而神的判断与人的想法和哲学家的教导截然不同。连哲学家们都承认最伟大的行为是救自己的国家脱离专制的统治。然而，若任何国民以个人的身份谋杀专制者，他就落在神的咒诅之下（撒上24：7、11，26：9）。

我在此不需要再举例。我们只要知道神的呼召是行善的源头和根基就够了。且若任何人拒绝顺服神的呼召，他必定偏离尽本分的真道。他有时也许能捏造出某种吸引人称赞的外表，然而不管人如何看待这行为，在神的宝座前总是会被拒绝。此外，他在生活上的各方面必定不会有彼此的和谐。总之，你若接受神对你的呼召，你的生命就最有次序。而且，也没有人会被许可轻率地越过神对他的呼召，因为这等于越过他的本分。如此，地位低的人会在自己的岗位上毫无怨言，免得离开神所呼召他的岗位。此外，人若知道神在万事上引领他，就会极大地减轻他一切的担忧、劳苦和其他的重担。如此，官员会更甘心乐意地尽自己的本分；家长会拒绝放弃神给他管理家庭的责任；每一个人只要确信生活上一切的困苦、烦扰、疲劳和担心都是神亲自给他的重担，他就会忍耐到底。我们也能借此获得独特的安慰，只要我们在万事上顺服神的呼召，而一切看来似乎羞辱的职事，在神的眼目中则是光荣和极有价值的。

第八章　因信称义的定义[①]

称义和重生，这两个术语的定义（1—4）

1. "称义"这教义的含义与重要性

我深信在上文我已足够详细地解释：对于受律法咒诅之人而言，信心是他唯一蒙救恩的方式。我也解释了什么是信心（faith），以及神借信心赏赐人何种福分，还有信心使人结怎样的果子。我们在此要简洁地重复这教导。父神出于自己的慷慨赐给我们基督，使我们以信心接受他。接受基督的人同时也接受双重的恩典，即我们借基督毫无玷污的义与神和好之后，我们在天上所有的不是法官，而是慈悲的天父；其次，靠基督的灵使我们成圣，就能培养无可指摘和纯洁的生命。神所赏赐我们的这第二个礼物——重生，以上我已详细地解释过。然而，我当时没有详细地解释因信称义，是因为我要读者先明白，神出于他的怜悯而使我们白白称义所唯独凭借的信心必定伴随善行，同时也是为了解释这些善行的性质，而这些善行的性质与我们现在的主题有密切的关联。因此我们现在要开始详细地

[①]　《基督教要义》第三卷第十一章，"因信称义的定义"。

解释因信称义。我们同时也当留意基督教是建立在这教义的根基之上，好让我们更在乎这教义。除非你先明白你生来与神的关系如何，且他因此将对你施行怎样的审判，否则，你就没有救恩的根基，也没有在神面前过正直生活的根基。然而，我们越明白因信称义，就越确信这教义的必要性。

2. 称义的含义

但为了避免我们从一开始就跌倒——而且，除非我们先知道我们所讨论的主题为何，否则我们必定跌倒，我们应当先解释以下这两句话的含义：人在神面前称义及人借信心或借行为称义。人在神面前称义，其含义是：神在其审判中将人视为义并因这义悦纳他。既然罪孽在神面前是可憎恶的，因此，只要神将任何人视为罪人，这人在神面前就无法蒙神悦纳。所以，哪里有罪恶，神的愤怒和报应就在哪里彰显。被神视为义人而不是罪人才算称义，因此这人在神的审判台前站立得住，但所有的罪人都站立不住。若一个义人被指控，并被传讯到公义法官的审判台前，法官会按他的清白定他无罪，这即是我们通常所说的，他在法官面前"称义"。同样地，当神将某人从罪人中分别出来，见证和肯定他的义时，这人在神面前称义。若有人因他圣洁的生活能在神宝座前被称为义，或他自己完全的行为能合乎神所要求人的公义准则，他就能因行律法称义。相反地，因信称义是指，若人因不义的行为被弃绝，却借信心投靠基督自己的义并穿上这义，那在神面前的这个人并不被称为罪人，而是义人。

因此，我们对称义的解释是：我们在神面前被悦纳为义人，并且称义包含罪（sins）蒙赦免和将基督的义归给人。

3. 圣经对称义的教导

圣经有充分的证据能证明这教义。首先，这定义无疑是正确的，也是称义最通常的意思。然而，我们若收集并比较一切教导称义的经文会花费太多的时间，所以我们只要告诉读者们圣经对这教义的教导，之后读者自己看圣经就可以知道我们的教导是否正确。我在此只要提出几处详细教导称义的经文。

首先，当路加告诉我们以色列百姓听了基督的教导之后就以神为义时（路7：29），以及当基督宣告"智慧之子，都以智慧为是"（路7：35）时，前者的意思（29节）并不是指百姓将义归给神。因为义与神是密不可分的，虽然世人都想夺去神的义。且他在第三十五节里所引用的基督的话并不是要称救恩的教义为义，因这教义本来就是义的。圣经所记载的这两句话反而有相同的含义——将神和他的教导所应得的赞美归给他。另一方面，当基督斥责法利赛人在人面前自称为义时（路16：15），他的意思不是他们因行律法称义，而是他们虽然不是义人，却不择手段地想被视为义人。那些对希伯来文比较熟悉的人会更明白我在这里的意思，因希伯来文的"邪恶"不但是指那些承认自己有罪的人，也是指那些被别人视为罪人的人。因为当拔示巴说她和所罗门必算为罪人（王上1：21）时，她并非在承认他们犯了什么罪。她只是在埋怨她和她的儿子将被羞辱，并被人视为邪恶和受神咒诅的。其实，连拉丁文译本的上下文都证明她所说的邪恶是指从别人的观点来看，而不是在承认自己有罪。

但就"称义"与现在的主题"因信称义"而论，保罗在《加拉太书》中教导圣经预先看明神要借信心称外邦人为义（加3：8）。难道保罗在这里的意思不就是人是因信称义吗？此外，当他教导神称那原来不敬虔而后相信基督的人为义（罗3：26）时，难道他的意思不就是人借着信心能逃脱他们不敬虔所应得的灭亡吗？保罗的结论更确实地证明他就是这个意思："谁能控告神所拣选的人呢？有神称他们为义了。谁能定他们的罪呢？有基督耶稣已经死了，而且从死里复活……也替我们祈求。"（罗8：33—34）他就如同在说："谁能控告神所赦免的人？谁能定基督为其代求之人的罪呢？"因此，"称义"的意思就是宣判被控告之人的罪责（guilt）被赦免，就如他从未犯罪那般。所以，神既因基督的代求称我们为义，他赦免我们并非因我们无罪，而是因基督的义归在我们身上，使不义的我们能在基督里被称为义。保罗在《使徒行传》13章中的讲道也有同样的教导："赦罪的道是由这人（基督）传给你们的。你们靠摩西的律法，在一切不得称义的事上信靠这人，就都得称义了。"（徒13：38—39）由此可见，在人的罪得赦免之后，保罗称这现象为称义；所以，称义指的是被判无罪，与行律法完全无关；称义完全出于基督的恩典，人借着信心被称为义。总之，显然人借赎罪祭称义，因这经文教导我们借基督被称为义。因此，当圣经告诉我们税吏在离开圣殿后已被算为义（路18：14）时，我们不能说神因他的任何功德称他为义。圣经的教导是：在蒙赦罪之后，罪人在神面前被称为义人。所以，税吏之所以被称为义，并不是因为他的行为蒙神悦纳，而是出于神白白地赦免。当安波罗修称认罪为公正的称义时，这是对称义贴切的形容。

4. 称义包括赦罪与神施怜悯悦纳人

为了避免对称义这一词的争辩，我们只要思想圣经对这教义的教导。保罗在《以弗所书》中教导称义是神对人的接纳。他说："又因爱我们，就按着自己意旨所喜悦的，预定我们藉着耶稣基督得儿子的名分，使他荣耀的恩典得着称赞。这恩典是他在爱子里所赐给我们的。"（弗1：5—6）这与保罗在另一处的教导"（我们）白白地称义"（罗3：24）是一样的。除此之外，保罗在《罗马书》中将称义视为"蒙神算为义"。他也毫不犹豫地将称义包括在赦罪之内。保罗说："正如大卫称那在行为以外蒙神算为义的人是有福的。他说：'得赦免其过、遮盖其罪，这人是有福的。'"（罗4：6—7；诗32：1）保罗在此所教导的并不只是称义的一部分，而是称义完整的教导。此外，他也接受大卫对称义的定义。大卫宣告得赦免其过的人是有福的（诗32：1—2）。显然，大卫所说的义是与罪责相对的。然而，对这教义最清楚的教导是在《哥林多后书》5章。保罗在此教导传福音事工的整个目的是叫人与神和好，因神喜悦借基督悦纳我们蒙恩，不将我们的过犯归到我们身上（林后5：18—20）。请读者们仔细思想整段经文，因保罗在下一节中这样解释："神使那无罪的替我们成为罪"（林后5：21），为了教导我们人与神和好的方法（18—19）。无疑地，保罗所说的"和好"就是"称义"。显然，根据他在另一处的教导——我们因基督的顺从成为义（罗5：19），除非神在我们的行为之外，在基督里称我们为义，否则我们是站不住的。

（以下略去与奥西安德尔及经院神学家争议部分，5—20节）

神唯有借着基督的义才赦免人的罪（21—23）

21. 称义、与神和好、赦罪

我们现在要思想以上我对因信称义所下的定义是否正确，即信心所带来的义等于与神和好，并且这和好完全基于罪得赦免。我们总要牢记这原则：神的愤怒常在一切罪人的身上。以赛亚极精妙地表达这真理："耶和华的膀臂并非缩短，不能拯救，耳朵并非发沉，不能听见。但你们的罪孽使你们与神隔绝，你们的罪恶使他掩面不听你们。"（赛59：1—2）他在此告诉我们：罪使人与神隔绝，使神掩面不听，且不可能不是这样，因为神若与罪有任何关联，就与他的义相悖。因这缘故，保罗教导说：除非人借基督重新蒙恩，否则仍然是神的仇敌（罗5：8—10）。所以，圣经记载：神使谁与自己和好就使谁称义，因除非神使罪人成为义人，否则他无法恩待他或叫他与自己和好。但这是借着赦罪发生的，因为所有与神和好的人，若神照他们的行为判断他们，他们就仍是罪人，虽然他们应该是纯洁无瑕的。由此可见，一切神所悦纳的人之所以能被称义，是因为一切的玷污都借赦罪完全洁净了。因此，我们能称这义为"罪得赦免"。

22. 称义与赦罪密切的关系有圣经根据

我以下所引用保罗的这段话极其清晰地表达这两个重点："这就是神在基督里叫世人与自己和好，不将他们的过犯归到他们身上，并且将这和好的道理托付了我们。"（林后5：19—20）接下来保罗概略地告诉我们基督的使命："神使那无罪的，替我们成为罪，好叫我们在他里面成为神的义。"（林后5：21）保罗在此同时提到义和人与神和好，教导我们两者是同义词。而且，他也告诉我们人是如何获得这义的，即神不将我们的过犯归到我们身上。所以，你不用再怀疑神如何称我们为义，因圣经记载：神借着不将我们的过犯归到我们身上，叫我们与他和好。因此，保罗引用大卫的话，向罗马人证明神在人的行为之外称他们为义，因此大卫宣告："得赦免其过、遮盖其罪的，这人是有福的；主不算为有罪的，这人是有福的。"（罗 4：6—8；诗 32：1—2）无疑地，大卫在这经文中用"有福"来代替义，既然大卫宣告称义等于赦罪，我们就无须再对称义下别的定义。所以，施洗约翰的父亲撒迦利亚歌颂神说：人借蒙赦罪有得救的确据（路 1：77）。保罗向安提阿人讲论救恩时也有同样的教导，就如路加记载保罗的结论："赦罪的道是由这人传给你们的。你们靠摩西的律法，在一切不得称义的事上信靠这人，就都得称义了。"（徒 13：38—39）根据保罗的教导，赦罪与义都是一样的。他也推论是神出于他的慈爱，白白地称我们为义。

而且，信徒在神面前称义，不在乎自己的行为，乃在乎神白白地接纳，我们不应当认为这是新奇的，因为这是圣经多处的教导，而且古时的神学家也是这样教导。奥古斯丁曾经说过："世上一切圣徒的义在乎赦罪，胜过在乎道德上的完美。"① 伯尔纳的这段名言也与此相似："神的义在于不犯罪，而人的义则在于神的恩典。"② 他在此之前也说："基督因赦罪成为我们的义，因此惟有蒙神怜悯、罪得赦免的人才是义人。"③

23. 称义在乎在基督里，而不在乎自己

由此可见，我们唯有借基督的义才能在神面前称义，这等于是

---

① Augustine, *City of God* XIX. 27（MPL 41. 657；tr. NPNF Ⅱ. 419）.
② Bernard, *Sermons on the Song of Songs* 23. 15（MPL 183. 892；tr. S. J. Eales, *Life and Works of St. Bernard* Ⅳ. 141）.
③ Bernard, *op. cit.*, 22. 6, 11（MPL 183. 880, 884；tr. Eales, *op. cit.*, Ⅳ. 126, 130）.

说人称义不在乎自己,乃是因为基督的义归给人——这也值得我们留意,因这完全反驳了那肤浅的观念,即人之所以因信称义,是因为人借着基督的义分享圣灵,且圣灵使人成为义。这观念与上面的教义相悖,互不相容。无疑地,教导人必须在自己之外寻求义,就是在教导人自己没有义。此外,这也是保罗清楚的教导:"神使那无罪的,替我们成为罪,好叫我们在他里面成为神的义。"(林后5:21)

由此可见,我们的义不在自己身上,乃在基督里,且我们拥有这义,唯独因为我们在基督里有分;事实上,我们在基督里拥有这义一切的丰盛。这也与保罗在另一处的教导一致,即基督在肉体中定了罪案,使律法的义成就在我们这不随从肉体,只随从圣灵的人身上(罗8:34)。他所说的成就是借着基督归给我们的义,我们的主耶稣基督将他的义赐给我们,并且以某种奇妙的方式将这义的力量赐给我们,使我们能在神的审判台前被称为义。显然,保罗在此之前的另一处经文也有同样的教导:"因一人的悖逆,众人成为罪人;照样因一人的顺从,众人也成为义了。"(罗5:19)保罗之所以宣告我们唯有借着基督称义,难道不就是在说我们的义完全在乎基督的顺服,因为神将基督的顺服归给我们,就如是我们自己的顺服一样吗?

因这缘故,安波罗修精妙地用雅各的祝福比喻这义。他说雅各虽然不应得长子的名分,但在他哥哥衣服的掩护下,因这衣服所散发的香味(创27:27),讨他父亲的喜欢,以至于在伪装成他哥哥时得了长子的名分。同样地,我们也在我们的哥哥——那长子基督——纯洁的掩护下,使自己能在神面前被称为义。安波罗修这样说:"以撒闻到衣服的香味,也许意味着我们不是因行律法乃是因信称义，因为肉体的软弱拦阻我们遵行律法，然而那明亮的信心使我们蒙赦罪，也掩盖我们一切的过错。"①

这的确是真的，因若我们要在神面前蒙救恩，就必须有主自己的香味，我们的罪也必须被基督的完美遮盖和埋葬。

---

① Ambrose, *On Jacob and the Happy Life* Ⅱ.2.9（CSEL 32.2.36 f.）.

第九章　确信在神面前白白称义[①]

称义与神的威严和完美彼此间的关系（1—3）

1. 在神的审判台前没有义人

虽然这一切都有圣经充分的根据，然而除非我们面对这讨论的基础，否则不可能晓得以上教导的必要性。首先，我们应当明白这事实：我们所讨论的不是人类法庭的公义，而是天上的法庭，免得我们用自己的标准来衡量什么样的行为才能满足神的审判。然而，令人惊讶的是，一般人在考虑这点时过于轻率和大胆。事实上，那些最自信和夸耀因行律法称义的人，也就是那有许多严重的罪或想掩饰自己罪的人。这是因为他们一点都不思想神的义，若他们稍微思想，就不可能如此藐视神的义。然而，我们若不承认神的公义是如此完美，以至于神不接受有任何瑕疵的行为，我们就不会珍惜这公义。但从来没有行为毫无瑕疵的人，以后也不会有。在学院的象牙塔里谈论行为能使人称义是轻而易举的，但当我们来到神面前，

[①] 《基督教要义》第三卷第十二章，"我们必须仰望神的审判台，使我们能确信神对我们白白地称义"。

我们必须弃绝这类的消遣！因在神面前我们必须严肃地讨论这些问题，而不是卷入玩弄词语的舌战。我们若想知道何为真公义，就必须思考如下的问题：当天上的审判官要我们交账时，我们要做何解释？我们不要根据自己自然的想法想象这位法官，而是要根据圣经的教导：他叫黎明的星宿变为黑暗（伯3：9）；他发怒，把山推倒挪移，山并不知觉；他使地震动，离其本位，地的柱子就摇撼（参阅伯9：5—6）；他以自己的智慧叫有智慧的中了自己的诡计（伯5：13）；在他圣洁的眼前万事都不清洁（参阅伯25：5）；连天使都无法忍受他的公义（参阅伯4：18）；他万不以有罪的为无罪（参阅伯9：20）；人若惹他发怒，在他怒中有火烧起，直烧到极深的阴间（申32：22；参阅伯26：6）。我们将看到神坐在宝座上鉴察人的行为，谁能坦然无惧地站在他的审判台前呢？先知质问："我们中间谁能与吞灭的火同住？我们中间谁能与永火同住呢？（他）行事公义、说话正直……"（赛33：14—15）若有人能，请他站出来。没有任何人敢站出来，因有令人战兢的声音说："主耶和华啊，你若究察罪孽，谁能站得住呢？"（诗130：3；诗129：3，武加大译本）显然，若是如此，众人都必定灭亡，就如圣经在另一处所说的："必死的人岂能比神公义吗？人岂能比造他的主洁净吗？主不信靠他的臣仆，并且指他的使者为愚昧；何况那住在土房、根基在尘土里被蠹虫所毁坏的人呢？早晚之间就被毁灭。"（伯4：17—20）又说："神不信靠他的众圣者，在他眼前天也不洁净；何况那污秽可憎、喝罪孽如水的世人呢？"（伯15：15—16）

事实上，我承认《约伯记》提到某种高过遵行律法的公义，我们也应当留意这一点。因为即使有人能完全遵守神的律法，也仍旧无法合乎那人所测不透的公义。所以，虽然约伯问心无愧，但他仍然惊讶地闭口不言，因他发现神若用天上的秤衡量人的行为，即使天使般的圣洁也站立不住。因此，我略而不谈这至高的公义，因那是无法测透的。我只要说，神若按照他自己的律法究察我们的生命，我们若没有在神为了唤醒我们所发出的众多咒诅下感到恐惧，我们就是极其迟钝的人。其中一个咒诅是："凡不常照律法书上所记一切之事去行的，就被咒诅。"（加3：10；参阅申27：26）简言之，除非每一个人在这天上法官面前承认自己的罪，并仆倒在地上承认自己的虚无，否则所谈论的这一切都是枉然的。

2. 在神面前与在人面前的公义

我们如今应当仰起脸来学习在神面前战兢，而不是高傲地自夸。其实，只要我们仍将自己与别人比较，就会相信自己拥有别人所应当看重的某些东西，如此，自夸是自然的。然而，当我们仰望神时，我们这自信立刻就消失了。事实上，我们的灵魂仰望神，就如我们的肉眼仰望天际一般。因为当我们看见附近的事物，我们就深信自己的视力极佳。然而，当我们看到太阳时，我们的眼睛因它的强光感到刺痛和迟钝，我们就会深信自己视力的有限，就像从前看见附近的事物，就确信自己的视力极佳一样。我们千万不要被自己虚妄的自信欺哄。即使我们看自己与别人同等，或认为自己比别人强，这对神都没有任何影响，因为是神自己将审判人。然而，若神的咒诅无法驯服我们的石心，主将对我们说他曾对法利赛人说过的这段话："你们是在人面前自称为义的……因为人所尊贵的，是神看为可憎恶的。"（路16：15）你当知道，你若在人面前夸耀自己的义行，这是天上的父神所憎恶的！然而，神的仆人在圣灵的感动下是如何记载的呢？"求你不要审问仆人，因为在你面前，凡活着的人没有一个是义的。"（诗143：2；参阅诗142：2，武加大译本）神的另一位仆人，也从稍微不同的角度记载："但人在神面前怎能成为义呢？若愿意与他争辩，千中之一也不能回答。"（伯9：2—3）圣经在此明确记载神公义的性质，也告诉我们人一切的行为都无法满足神的公义。当神究察我们千万的罪恶时，我们无法为任何一个辩护。神所重用的仆人保罗宣称，虽然他不觉得他心里有任何的罪恶，却不能因此在神面前称义。这时，他的确领悟到神崇高的公义（林前4：4）。

3. 奥古斯丁与伯尔纳为真公义做见证

这不仅仅是圣经明确的教导，一切虔诚的神学家也持同样的立场。奥古斯丁说："一切在这取死肉体的重担下，并因这软弱的身体叹息的敬虔人，都有一个盼望：我们只有一位中保；就是那义者耶稣基督，他为我们的罪作了挽回祭。"（参阅提前2：5—6；约一2：1—2）① 这是什么意思呢？如果这是他们唯一的盼望，难道他们会因自己的行为夸耀吗？因他说"一个盼望"，就表示他不相信有其他的盼望。伯尔纳说："难道软弱的人除了在救主的伤口那里，还能寻得安息吗？他拯救人的能力越大，我们在他的怀中就越安全。世界攻击我们，肉体的重担拦阻我们，魔鬼也为我们设下陷阱，但我却不至跌倒，因我被安置在稳固的磐石上。我犯了大罪。我的良心受搅扰。然而我却不至丧胆，因我将记念主的伤口。"他之后得出如下结论："主的慈爱是我的功德。所以，只要主仍然慈爱，我就永不缺乏功德。若主的怜悯显多，我的功德也一样显多。难道我要夸耀自己的义行吗？主啊！我将唯独记念你的义，因这也是我自己的义，即神使基督成为我的义。"他在另一处也说："人若全心全意盼望那使人称义的神，这就是他一切所需要的功德。"同样地，他虽然相信自己有平安，却将一切的荣耀归给神，他说：

---

① Augustine, *Against Two Letters of the Pelagians* Ⅲ. 5. 15 （MPL 44. 599；tr. NPNF V. 409）.

"但愿荣耀归给你,直到永远。我若有平安就必满足。我完全弃绝荣耀自己,免得窃取不属我的荣耀,而因此丧失神所提供给我的一切。"他在另一处更明确地说:"为何教会在乎自己有无功德,既然我们在神的旨意中有更确实可夸的根据,所以,人没有理由认为自己有应得神祝福的功德,尤其因为先知如此记载:'主耶和华如此说……我行这事不是为你们,乃是为我的圣名。'(结36:22、32)只要我们知道自己的功德不足,这就成为我们足够的功德,但既然不倚靠自己的功德才是我们的功德,所以,没有功德才能使我们在神的审判台前站得住。"伯尔纳常用"功德"表示善行,是因为这是那时的习惯。然而,基本上他的目的是要使假冒为善的人惧怕,因他们放荡的行为无耻地违背神的恩典。他之后这样解释:"那有功德而不自信,且有信心而没有功德的教会是有福的,因为她的信心有根据,而功德没有根据。她所拥有的功德是要使她配得救恩,并不是要她自夸。但难道能持续相信不就是功德吗?所以,完全不自信之人的信心更大,因不相信自己的人就更能相信,甚至夸耀神丰盛的恩典。"①

人的良心和自我指责都证明他在神面前没有善行,而引领他接受神的怜悯(4—8)

4. 神严厉的审判使我们不再自欺

这是真的!知罪的良心在面对神的审判时,意识到神的怜悯是

---

① Bernard, *On the Psalm, He That Dwelleth* (Ps. 91) 15.5 (MPL 183.246); *Sermons on the Song of Songs* 61.3; 13.4; 68.6 (MPL 183.1072, 836, 1111; tr. Eales, *Life and Works of St. Bernard* Ⅳ. 367, 69, 424 f.).

他唯一的避难所。因为,星星虽然在晚上极为明亮地闪耀,却在日出时失去一切的光芒。同样地,最纯洁的人若与神的圣洁相比,也是如此。因神的审判洞察入微,甚至参透人心隐秘的事,并且就如保罗所说:"他要照出暗中的隐情,显明人心的意念。"(林前4:5)这就使得已经被虚饰、迟钝的良心开始提醒人想起他到目前为止所忘记的事。但我们的指控者魔鬼知道我们所犯的罪都是它驱使我们犯的,所以它就继续诱惑我们。我们所倚靠外在的善行,在神的审判之下对我们毫无帮助,因为神所要的是纯洁无瑕的动机。假冒为善也将被揭露,虽然它通常以愚勇自夸。这不但包括人在神面前知道自己有罪,却在人面前伪装,也包括人在神面前自欺,因人都倾向于奉承自己。那些拒绝仰望神的人,的确能暂时快乐、平安地立自己的义,但这义即将在神的审判台前被震碎,就如梦中的巨额财富,梦醒后就消失了。然而,那些在神面前认真寻求正确公义准则的人,必将发现人所有的行为都是污秽的。也将发现一般人所认为的义行在神面前是罪孽。人看为正直的,不过是污秽;人看为荣耀的,反而是羞辱。

5. 我们当弃绝一切的自爱!

当我们仰望神的完美之后,我们不要害怕看到自己的真面目,也不要再受盲目自爱的影响。无怪乎我们在这方面如此盲目,因为没有人会自然地抵挡他自我放纵的本性。所罗门说:"人所行的,在自己眼中都看为正。"(箴21:2)又说:"人一切所行的,在自己眼中看为清洁。"(箴16:2)然而,人能因这幻想被判无罪吗?绝不会,圣经反而接着记载:"惟有耶和华衡量人心。"(箴16:2)即使人戴上公义的面具奉承自己,神却以他的天平衡量人内心隐秘的不洁。既然自我奉承对自己毫无帮助,我们就千万不可自欺而自取灭亡。为了正确地省察自己，我们必须逼自己的良心来到神的审判台前，因我们必须使自己隐秘的罪完全暴露在审判的亮光下，如此我们才会真正明白："这样，在神面前人怎能称义……何况如虫的人，如蛆的世人呢！"（伯25：4—6）"可憎、喝罪孽如水的世人"（伯15：16），"谁能使洁净之物出于污秽之中呢？无论谁也不能"（伯14：4）。我们也将经历到约伯用来描述自己的话："我虽有义，自己的口要定我为有罪；我虽完全，我口必显我为弯曲。"（伯9：20）因为古时的先知指控以色列人的话不只在乎那时代，也在乎所有的时代："我们都如羊走迷，各人偏行己路。"（赛53：6）此话也包括一切将蒙救赎之恩的人，且这严厉的省察应当使我们感到惊惶失措，并因此预备自己的心接受基督的恩典。我们若以为自己不降卑能享受这恩典，就是在自欺。这是众所熟知的经文："神阻挡骄傲的人，赐恩给谦卑的人。"（彼前5：5；雅4：6；参阅箴3：34）

6. 何谓在神面前谦卑

然而，谦卑自己难道不就是因感到自己的贫穷和虚无，而投靠神的怜悯吗？因为我们若认为自己仍有任何可夸的，就不是谦卑。而且那些以为以下两种现象可以同时并存——即我们可以一方面在神面前谦卑自己，另一方面视自己的义有价值——的人，总是恶毒地教导人假冒为善。因我们若在神面前口是心非，就是在邪恶地撒谎。神对我们内心的要求，迫使我们践踏内心一切自以为可夸的事。所以，当你听到先知说"困苦的百姓，你必拯救；高傲的眼目，你必使他降卑"（诗18：27；参阅诗17：28，武加大译本）时，你当思想：除非我们离弃一切骄傲并穿上完美的谦卑，否则蒙救恩的门向我们是关着的；你也要思想这谦卑并不是人将自己的某种权利献给神，就如那些在人面前不表现他们的骄傲，也拒绝侮辱别人的人，通常被视为是谦卑的，虽然在内心他们仍依靠自己某方面的优秀。这谦卑反而是人因确信自己的悲惨和贫乏，就无伪地从心里顺服神，这是圣经所描述的谦卑。

当神在《西番雅书》中说"因为那时我必从你中间除掉矜夸高傲之辈……我却要在你中间留下困苦贫寒的民，他们必投靠我耶和华的名"（3：11—12）时，难道这不是在描述真谦卑的人吗？就是那些深知自己是贫穷、担重担的人。另一方面，圣经也称骄傲的人为"得意"，即那些因自己的财富而感到快乐的人经常欢喜。然而，主所预定拯救的谦卑人，神使他们完全仰望他。以赛亚也说："但我所看顾的，就是虚心痛悔、因我话而战兢的人。"（赛66：2）以及"那至高至上、永远长存、名为圣者的如此说：'我住在至高至圣的所在，也与心灵痛悔、谦卑的人同居；要使谦卑人的灵苏醒，也使痛悔人的心苏醒。'"（赛57：15）

在圣经中，"痛悔"这个词指的是那种内心的伤口，使得仆倒在地的人无法再起来。你若希望神照他的判断将你与谦卑人一同高举，你就当虚心痛悔。你若没有这样的心，至终神也必以他全能的手使你降为卑。

7. 基督呼召罪人而不是义人

并且我们至高的主人，不但用言语，也用比喻描述真谦卑。他用的比喻是："税吏远远地站着，连举目望天也不敢，只捶着胸说：'神啊，开恩可怜我这个罪人！'"（路18：13）我们不要误以为这是假冒为善的谦卑（他不敢举目望天或亲近神，并捶着胸承认自己是罪人），这反而是他出自内心的表现。主将法利赛人与这人做比较，法利赛人感谢神，因他不像别人勒索、不义、奸淫，且一个礼拜禁食两次，凡他所得的都捐上十分之一（路18：11—12）。他虽然公开承认他的义是神所赐的，但因他以自己的义为傲，所以神不喜悦，甚至憎恶他。税吏因承认自己的罪而被神称为义（路18：14）。

由此可见，我们的自卑在神面前有多蒙悦纳，这就证明除非人从心里除掉一切对自我的价值的认定，否则不可能投靠神的怜悯。只要他继续相信他的自我价值，就会拦阻神的怜悯。当父神差派基督降世时，他所交付基督的使命就进一步地证明这一点："叫我传好信息给谦卑的人，差遣我医好伤心的人，报告被掳的得释放，被囚的出监牢……安慰一切悲哀的人，赐华冠与锡安悲哀的人，代替灰尘，喜乐油代替悲哀，赞美衣代替忧伤之灵。"（赛61：1—3）因此，基督只邀请劳苦、担重担的人分享他的慈爱（太11：28）。主也在另一处说："我来本不是召义人，乃是召罪人。"（太9：13）

8. 在神面前骄傲和自我满足，拦阻人就近基督

因此，我们若想顺应基督的呼召，就当弃绝一切的骄傲和自我满足！骄傲来自于愚昧地相信自己的义，也就是人在神面前以为自己有可夸的功德。即使人没有主动地相信自己的功德，在他心里还是有够多的自我满足。许多罪人因沉醉于罪中之乐，根本不考虑神的审判，而是昏昏沉沉不寻求神所提供的怜悯。这懒惰就如自信一样都要被弃绝，才能使我们毫无拦阻地去就基督，并因自己的虚空和饥饿，领受基督丰盛的恩惠。因为除非我们真正怀疑自己，否则，我们就不会信靠主；除非我们的心感到痛悔，否则，我们就永不会仰望主；除非我们感到绝望，否则，我们就不会领受主的安慰。

所以，除非我们完全弃绝自己，并依靠我们所确信之神的良善，

否则我们的心就尚未准备好接受神的恩典，就如奥古斯丁所说："我们忘记自己的功德，才会接受基督的恩赐。"① 因为，若神要求我们先有功德，他才祝福我们，我们就永远不可能得到他的祝福。伯尔纳也完全同意这立场，他巧妙地将骄傲的人比喻为不忠心的仆人。他们将任何最小的好处都视为自己的功德，错误地将神的恩典归在自己的劳力之下，就如一面墙称从窗外射入的光是自己所产生的那般。总而言之，我们应当视此为简要、一般和确实的原则：唯有弃绝一切表面上虚妄之义（我说的不是真义，因人没有义）的人，才能预备领受神的怜悯。因为，人越自我满足，就越拦阻自己蒙神的恩惠。

---

① Augustine, *Sermons*174.2（MPL 38.941；tr. LF Sermons Ⅱ.891 f.）.

第十章 祷告的操练①

祷告的性质和价值 （1—3）

1. 信心和祷告

根据以上所有的教导，可见在人里面完全没有良善，也没有任何能帮助他蒙拯救的事物。所以，他若寻求帮助，就必须完全在他自己之外寻求。我们也解释过神在基督里甘心乐意向我们启示他自己。因在基督里，神提供我们一切的幸福取代我们的悲惨，一切的富足取代我们的贫困；神在基督里向我们敞开天上的宝库，好让我们以信心仰望他的爱子，完全期待他，使我们一切的盼望专靠基督。这就是那隐秘、看不见之智慧，无法用逻辑推出。但所有被神打开心眼的人完全明白这智慧，也在他的光中必得见光（诗36：9）。

当信心教导我们一切的需要和丰盛都在神里面，也在主耶稣基督里，因为神喜欢叫一切的丰盛在基督里面居住（参阅西1：19；约1：16），好让我们从这丰盛中支取我们所需用的，就如不断涌出的

---

① 《基督教要义》第三卷第二十章，"祷告是信心主要的行动，也是我们天天领受神恩赐的方式"。

泉源那般时，我们就当在祷告中寻求在神里面的丰盛。否则我们知道神是万物的主人和赏赐者，且喜欢我们向他要求这些，却仍不仰望他或向他祈求，就如一个人虽然知道一块田里埋着财宝，却不理会一样。因此，保罗为了证明真信心必定求告神，为我们立定这原则：信心由福音而生，信心也操练我们求告神的名（罗 10：14—17）。而且这与他先前的教导一致：赐给我们儿子名分的圣灵，就是将福音的见证印在我们心中的灵（罗 8：16），使我们坦然无惧地在神面前表明自己的渴望，用说不出来的叹息替我们祷告（罗 8：26），以至于我们能放胆呼叫："阿爸！父！"（罗 8：15）

我们现在要更详细地讨论信心对祷告的影响，因我们之前没有深入地讨论。

2. 祷告的必要性

如此，我们借着祷告领受父神给我们存留在天上的丰盛。信徒因与神交通就进入天上的帐幕，照神的应许求告他，使他们经历他们所相信的神的应许不是徒然的，虽然神只在言语上应许他们。由此可见，神所应许要给我们的，他也吩咐我们在祷告中求告他赏赐我们。信徒也借祷告将主的福音所报告和我们的信心所看见的财宝挖掘出来。

言语难以诉尽祷告的必要性，以及祷告在多少方面使我们获益。的确，天父宣称他的名是我们唯一的避难所（参阅珥 2：32）不是没有理由的。我们借着祷告求告那照顾和保护我们之神的护理，也求告神的力量保守我们这软弱、几乎被诱惑胜过的人，也求告神的良善接纳我们这悲惨地被罪压制的人蒙恩；总之，我们借祷告求神以他所有的属性扶持我们。在祷告后，我们经历到良心上的平安和安慰。因为当我们将所挂虑的卸给神之后，我们因确信没有任何的困苦向神是隐藏的，也确信他愿意和能够看顾我们到底，就得安息。

3. 异议：祷告不是没有必要的吗？必须祷告的六个原因

但也许有人会说，神本来就晓得，也无须我们提醒他我们在哪方面受搅扰，更知道我们需要什么，所以在某种意义上，向他祷告似乎是没有必要的，否则仿佛神在打瞌睡甚至沉睡，需要我们祷告的声音唤醒他。然而，这样说的人是不晓得神吩咐他百姓祷告的目的为何，因他命令我们祷告并不是为他自己的缘故，而是为了我们。神出于他的主权吩咐人借祷告承认他们一切所渴望的和一切对他们有益的，都是来自神，因此将神所应得的荣耀归给他。我们向神所献祷告的祭，也是我们对他的敬拜，同时也使我们获益。因此，敬虔的信仰先辈越肯定神对自己和其他圣徒的祝福，就越被激励去祷告。我们只要举以利亚的例子就够了，在他告诉亚哈王神应许下雨之后，他仍将脸伏在两膝之中，迫切地祷告，并派他的仆人七次去看天空（王上18：42），这并不是他怀疑神的应许，而是因他知道将需求交托神是自己的本分，也会增加他的信心。

所以，即使我们对自己的需求及缺乏迟钝、无知，神仍看顾我们，甚至有时在我们的祈求之外帮助我们，但求告神还是极为重要的：首先，祷告让我们的心能热烈地渴慕寻求、爱和侍奉神，并同时习惯在所有的需求中奔向神如抓住神圣的锚。其次，免得我们心怀任何带到神面前将感到羞耻的私欲，我们都要学习将自己一切的渴望和挂虑交托给神。第三，祷告使我们预备自己以感恩的心领受神一切的祝福，因为祷告提醒我们这一切都来自神（参阅诗145：

15—16）。第四，当我们获得所求告的，并确信是因神应允我们的祷告，我们就因此受激励而更加热切地默想神的慈爱。第五，祷告使我们学习以更加喜乐的心接受我们借此所获得的祝福。最后，祷告让我们发现自己的软弱，更确信神的护理，并越来越明白神不但应许总不撇弃我们，也自愿为我们安排在需要中求告他的道路，甚至让我们明白他主动向他的百姓伸手，不只在言语上，而是给他们当下所需要的帮助。

如此，我们慈悲的天父，虽然不打盹也不睡觉，却经常给我们他就在睡觉或打盹的感觉，好刺激我们这懒惰的人为了自己的益处寻求和求告神。

那些胡诌既然神的护理掌管万事，所以求告神是没有必要的人，不过在证明自己的愚昧。因为相反地，神宣告："凡诚心求告耶和华的，他便与他们相近。"（诗 145：18）也有人胡说：求告神给我们他本来就要给我们之物是没有必要的，然而，神喜悦我们承认他出于自己的慷慨所赐给我们的一切，是借我们的祷告而来。《诗篇》中那众所周知的经文和其他类似的经文都证明这一点："因为主的眼看顾义人，主的耳听他们的祈祷。"（彼前 3：12；诗 34：15；诗 33：16，武加大译本）这经文不但称颂神的护理——因他主动关心敬虔之人的救恩——也强调信心的本分，因为信心除掉人心的懒惰。神不但帮助瞎子，更愿意垂听我们在祷告中的叹息，好证明他对我们的爱。所以，这两件事都是真的："保护以色列的，也不打盹也不睡觉"（诗 121：4），但他有时让我们感觉到他在打盹或睡觉，就如他忘记了我们一样，这是为了刺激我们这懒惰的人求告他。

正确的祷告原则（4—16）

第一个原则：当存敬畏的心（4—5）

4. 与神交谈必须心存敬畏

为了正当和正确地向神祷告，第一个原则是：无论在心智（mind）还是心灵（heart）方面，我们必须有适合与神交谈的心态。在心智方面，只要我们除掉一切在默想神时诱惑我们分心之肉体的私欲，就能有正确的心态。这样，我们不但能专心地祷告，甚至能在某种意义上被提升而胜过这世界。我在此并非要求人在祷告中完全不被任何忧虑搅扰，因为，忧虑有时更激发我们迫切地向神祷告。如此，圣经记载：神圣洁的仆人从深渊之处甚至在奄奄一息中，悲叹地求告神时备受苦恼的折磨和搅扰（参阅诗130：1）。但我们必须除掉一切属世的挂虑，因为这些事情诱惑我们极易飘来飘去的思想，让我们思念地上的事而不思念天上的事。我的意思是我们应当在某种意义上被提升而胜过世界，免得我们将任何因我们盲目和愚昧的心智习惯捏造的东西带到神面前，或免得我们自己在虚荣的范围内求告神，我们的祷告必须与圣洁的神相称。

5. 当避免一切不规律和不敬虔的祷告

这两件事值得我们留意：首先，祷告的人应当尽己所能专心祷告，而不受分心的干扰，虽然这是很普遍的趋向，因为没有任何事物比轻率的心更偏离对神的敬畏。在祷告中，我们越不容易专心，就当越努力地让自己专心，因为连最专心祷告的人都会被许多不相关的思想干扰而中断或耽延他的祷告。我们在此要思想：当神欢迎我们与他亲密交通时，我们若将属世和圣洁的思想混杂，是何等冒犯神的大爱，因为这样就像与一般人聊天一样，不专心而容自己的思想飘来飘去。

我们当因此明白：唯有那些被神的威严感动而脱离一切属世的忧虑和私欲的人，才是真正预备好心祷告的人。且旧约中举手祷告的习惯是为了提醒人，除非我们在祷告时思念天上的事，否则我们与神仍是疏远的。就如《诗篇》告诉我们："耶和华啊，我的心仰望你。"（诗25：1；诗24：1，武加大译本）圣经也常常这样形容祷告："扬声祷告"（例：赛37：4），免得一切希望祷告被垂听的人"享安逸"（参阅耶48：11；番1：12）。简言之，神慷慨地对待我们，温柔地劝我们将一切的忧虑卸给他，若神如此无与伦比的恩惠没有比万事更激励我们，使我们专心和迫切地向他祷告，我们就完全是无可推诿的。但除非我们与这些诱惑争战并胜过它们，否则我们不可能专心祷告。

我们以上也指出另一个重点：我们不可求告超过神所允许的。因神虽然盼咐我们倾心吐意地向他祈求（诗62：8；参阅诗145：19），他却不允许我们将愚昧和邪恶的期望带到他面前；且他虽然应许垂听敬虔之人的祷告，但他也不会屈从他们的任意妄为。但信徒在这两方面都极大地得罪神，因为许多人轻率、无耻、悖逆，甚至亵渎地将自己的妄想带到神的宝座前。他们迟钝或愚昧到胆敢将即使在人面前提及都会感到羞耻的私欲带到神面前。某些世俗的作家曾经嘲笑，甚至痛斥这大胆的行为，然而这罪至今仍在流行；因此有野心的人选择朱庇特做他们的神；贪婪的人选择墨丘利；知识分子选择阿波罗；作战的人选择玛尔斯；淫荡的人则选维纳斯。就如我刚才所说，人在朋友面前开玩笑或说闲话比在神面前祷告更有节制。但神却不允许我们藐视他温柔的对待，反而公义地使我们的渴望伏在他的大能之下，借此约束我们。因这缘故，我们应当牢记使徒约翰的话："我们若照他的旨意求什么，他就听我们，这是我们向他所存坦然无惧的心。"（约一5：14）

圣灵帮助我们正确地祷告

但因我们的能力远不能达到这样高的标准，我们就应当寻求帮助。我们不但要在思想上专心，也要在情感上迫切地求告神。但我们的思想和情感都无法达到神对我们的要求，时常软弱甚至带我们到相反的方向。所以，为了帮助我们的软弱，神赐圣灵做我们祷告的教师，教导我们如何正确地祷告，也引领我们的情感。因为"我们本不晓得当怎样祷告，只是圣灵亲自用说不出来的叹息替我们祷告"（罗8：26）。这并不是说圣灵本身在祷告或叹息，而是唤起我们里面的确据、渴慕以及叹息，使我们理解我们的肉体所无法理解的事。保罗称信徒在圣灵的引领下所发出来的叹息为"说不出来"的，不是没有理由的。因那些真正会祷告的人并非不晓得他们被众多的搅扰困惑到几乎不知道当如何祈求才妥当的地步。事实上，当他们一开口祷告就感到困惑，并因此犹豫。由此可见，正确的祷告是一种稀有的恩赐。但保罗这样教导并不是要我们放纵自己的懒惰而将祷告的本分交给圣灵，屈从我们生来不警醒的倾向。某些不敬虔之人教导我们应当被动地等候圣灵胜过我们被占据的思想。其实，我们反而应当厌恶自己的懒惰和迟钝，而寻求圣灵的帮助。事实上，当保罗盼咐我们用灵祷告时（林前14：15），他也没有停止劝我们要警醒祷告。他的意思是：圣灵的感动虽然给我们祷告的力量，却没有拦阻我们尽自己的努力，因神喜悦操练我们在祷告中的信心。

第二个原则：我们应当因真正感到自己的缺乏而祷告，也要认自己的罪（6—7）

6. 真正感到自己的需要就避免形式化

第二个原则是：在向神祈求时，我们应当深感自己的无能为力，并迫切地思考我们多么地需要我们所祈求的一切，而在祷告中热切地——即心里火热地——想获得我们所祈求的。因为许多人以形式化的心态祈祷，就如不得已而向神尽本分。他们虽然承认祷告对解决自己的问题是必需的（因为没有他们所求告之神的帮助是致命的错误），但他们仍用形式化的态度祷告，因他们的心是冷漠的，也没有认真思考他们所祈求的。其实，有种一般和模糊的感觉刺激他们祷告，但这感觉并没有激励他们在目前的实际中关切自己的缺乏是否得到满足。人若求神赦免自己的罪，却仍不相信或不承认自己有罪，难道在神面前有比这更可憎恶的事吗？毫无疑问地，这是愚弄神！但就如我刚才所说，人充满罪恶到经常形式化地求神给他们许多自己确信在神的慈爱之外能从别处获得或自己已经拥有的事物。

另一个看起来似乎不那么严重，却一样是神所憎恶的罪，就是另一些人因相信读经祷告能平息神的愤怒，就心不在焉地向神祷告。所以敬虔之人当谨慎，免得在神面前只是形式化地祈求而不是真正从心里渴求，却又同时想从神那里获得他们所求的。事实上，在我们唯独为了荣耀神的祈求上，虽然表面上这与照顾自己的需要无关，但我们仍要抱着热切和期待的心祈求。譬如当我们祈求"愿人都尊你的名为圣"（太6：9；路11：2）时，我们应当从心里渴望人将神的名分别为圣。

7. 祷告是否有时靠我们的心情？

若有人反对说：圣经并没有吩咐我们在所有的情况下都一样迫切地祷告，我也同意。使徒雅各的话在这方面帮助我们做区分："你们中间有受苦的呢，他就该祷告；有喜乐的呢，他就该歌颂。"（雅5：13）我们的常识也告诉我们，神因我们的懒惰就借特别的情况刺激我们迫切地祷告。大卫称这些特别的情况为神"可寻找的时候"（诗32：6；诗31：6，武加大译本），因就如他在其他经文中所教导的那般（例：诗94：19），艰难、痛苦、惧怕和试炼越厉害地攻击我们，就越帮助我们来到神面前，就如神借这些逆境呼召我们觐见他。

同时这也与保罗的话完全一致，即我们必须"不住地祷告"（弗6：18；帖前5：17）。因为即使万事如意，且我们所遇到的一切都令我们快乐，但我们仍需要时刻祷告。若有人其酒和五谷都有余，既然他在神的祝福之外无法享有任何饮食，所以他的酒酢和谷仓不会拦阻他求神赐给他日用的饮食。只要我们考虑有多少危险时时都可能临到我们，连惧怕本身都教导我们不可在任何时候忽略祷告。

然而，在属灵的事上，这是更明显的事实。难道我们不需要因众多的罪在任何时刻求神的赦免吗？我们所面临的诱惑何曾允许我们不求告神的帮助呢？此外，我们不应该间断而是要一直为神的国度和荣耀焦急，因此也需要一直祷告。这样看来，圣经吩咐我们不住地祷告不是没有道理的。我现在所说的不是圣徒的坚忍，我之后将更为详细地讨论这主题。圣经吩咐我们"不住地祷告"（帖前1：17），就是在指控我们的懒惰，因我们不晓得自己有多需要警醒。根据以下另一个原则，神禁止我们假冒为善和诡诈地祷告！神应许与那诚心求告他的人相近（诗145：18），也宣告专心寻求他的人必寻见（耶29：13—14），所以，那些以自己的污秽为乐之人不能仰望神。由此可见，蒙神悦纳的祷告少不了悔改。圣经因此常告诉我们，神不垂听恶人的祷告（约9：31），且他们的祷告（参阅箴28：9；赛1：15）就如他们的献祭（参阅箴15：8，21：27），对神而言都是可憎恶的。因不真诚之人的祷告不蒙神垂听是理所当然的，且那些硬着颈项激怒神的人，没有感到与神和睦也是理所当然的。在《以赛亚书》中，神这样威胁我们："就是你们多多地祈祷，我也不听。你们的手都满了杀人的血。"（赛1：15）耶利米也说："我……是从早起来，切切告诫他们……他们却不听从……他们必向我哀求，我却不听。"（耶11：7、8、11）因为恶人一生侮辱神的圣名，却同时以神的约夸口，神视此为最可憎恶的。因此，在《以赛亚书》中，神埋怨以色列人"用嘴唇尊敬我，心却远离我"（赛29：13）。神不只恨恶不诚实的祷告，他也宣告：任何虚假的崇拜对他而言也是可憎恶的。雅各的话与此相似："你们求也得不着，是因为你们妄求，要浪费在你们的宴乐中。"（雅4：3）其实，我们以后也将进一步教导，敬虔之人的祷告之所以蒙垂听，完全不是因为这是他们配得的。然而，约翰的教导也是必要的，"我们一切所求的，就从他得着，因为我们遵守他的命令"（约一3：22），但败坏的良心拦阻神垂听我们的祷告。由此可见，唯有真诚敬拜神的人才是神所喜悦的，且他们的祷告才蒙垂听。因此，我们每一个人在开始祷告时，应当感到对自己罪的厌恶，并以一无所有且完全不配的心态（这不可能在悔改之外发生）来到神面前。

第三个原则：我们当弃绝一切的自信并以谦卑的心恳求神的赦免（8—10）

8. 我们当谦卑地来到神面前求怜悯

第三个原则是：当我们来到神面前祷告时，要谦卑地将一切的荣耀都归给神，弃绝一切的自夸和自我价值。总之，我们应当除掉一切的自信，免得我们认为自己有丝毫可称赞的方面，就变得自高、自大，以至于神掩面不听。圣经上有许多这样的例子。当神的仆人来到神面前时，他们的自卑除掉一切的骄傲，且他们越圣洁，来到神面前时，越感到自卑。但以理是极好的例子，虽然神自己大大地称赞他；"我们在你面前恳求，原不是因自己的义，乃因你的大怜悯。求主垂听，求主赦免，求主应允而行，为你自己不要迟延。我的神啊，因这城和这民，都是称为你名下的。"（但9：18—19）他也不像一般人习惯以某种诡诈的口头禅，将自己当作众人的其中之一。他反而以个人的身份在神面前认罪，并投靠神的赦免，他有力地宣称表达："我承认我的罪和本国之民以色列的罪。"（但9：20）大卫的榜样也劝我们自卑，"求你不要审问仆人，因为在你面前，凡活着的人没有一个是义的"（诗143：2；参阅诗142：2，武加大译本），以赛亚也做了同样的祷告："你曾发怒，我们仍犯罪……我们都像不洁净的人，所有的义都像污秽的衣服；我们都像叶子渐渐枯干，我们的罪孽好像风把我们吹去，并且无人求告你的名，无人奋力抓住你；原来你掩面不顾我们，使我们因罪孽消化。耶和华啊，现在你仍是我们的父！我们是泥，你是窑匠；我们都是你手的工作。耶和华啊,求你不要大发震怒,也不要永远记念罪孽。求你垂顾我们,我们都是你的百姓。"(赛64:5—9)你要记住,神的仆人完全不依靠别的,他们依靠的是:既然自己是属神的人,所以不怀疑神将看顾他们。同样地,耶利米说:"耶和华啊,我们的罪孽虽然作见证告我们,还求你为你名的缘故行事。"(耶14:7)某位作家曾经有以下既真实又圣洁的陈述,据说是先知巴录写的:"因自己的大罪忧伤和自责的人,感到自卑和无力……主啊,饥饿、眼睛干瘪的人将荣耀归给你。主啊——我们的神,我们并不是因族长的义向你祈求,而是在你眼前求怜悯"(巴录书2:18—19),因你是怜悯的神,"求主怜悯我们,因为我们得罪了你"(巴录书3:2)。

9. 求赦免是祷告中最主要的部分

总结:正确祷告的起始,甚至正确祷告的预备是:谦卑和真诚地向神认罪并恳求赦免。任何人不管他以为自己有多圣洁,除非神已白白地叫他与自己和好,否则他不能从神那里得着什么,神也无法恩待他所未曾赦免的人。因此,《诗篇》中多处经文都告诉我们,信徒如此开始祷告是不足为怪的。因大卫的目的虽然不是要求神的赦免,却仍这样说:"求你不要记念我幼年的罪愆和我的过犯。耶和华啊,求你因你的恩惠,按你的慈爱记念我。"(诗25:7)又说:"求你看顾我的困苦、我的艰难,赦免我一切的罪。"(诗25:18)这也教导我们,即使我们天天向神认当天的罪仍是不够的,我们也当在神面前提说我们早已忘记的过犯。

大卫在另一处经文中,虽然是在神面前承认他的一个大罪,但他同时也提及他在他母亲的子宫里就有了罪(诗51:5),他并不是要因自己的罪性推卸责任，而是要揭发自己一生的罪，为了更严厉地责备自己，好让神能垂听他的祷告。但即使圣徒在祷告中没有直接指出自己的罪，只要我们查阅圣经所记载的祷告，就会清楚地知道我在此的教导：他们都将神的怜悯作为祷告的根据，所以一开始就平息了神的愤怒。因若任何人省察自己的良心，他就不会坦然无惧地来到神面前并向神祈求，除非他完全投靠神的怜悯和赦罪，否则他每一次亲近神就会战兢。

有另一种特殊的认罪祷告。当信徒求神不刑罚他们时，也同时求神的赦免。因为求神除掉罪的结果而不同时求他除掉罪的起因是荒谬的。我们当谨慎，免得效法一些愚昧的病人，他们唯独在乎病症，而完全忽略疾病的根源。我们最要在乎的是神喜悦我们，而不要神以外在的象征表示他对我们的接纳，因为这是神所预定的次序；人的良心若没有深感神在他身上的愤怒已经平息了，而因此能将神视为无限可爱的那位（歌 5：16），即使给他外在的益处也没有帮助。基督的话也提醒了我们这真理，他在决定医治瘫子之后说"你的罪赦了"（太 9：2），他这样刺激我们的心留意我们当最在乎的事，即神接纳我们进入他的恩典，然后再帮助我们，就证明我们已经与他和好。

然而，除了信徒特别要求赦罪的祷告之外，即他们求神赦免他们一切的罪和刑罚，我们不可忽略那使我们一切的祷告蒙垂听的原则，即除非我们的祷告建立在神白白地怜悯之上，否则神必不垂听。约翰的这段话与此有关："我们若认自己的罪，神是信实的，是公义的，必要赦免我们的罪，洗净我们一切的不义。"（约一 1：9）因这缘故，在律法之下，圣徒的祷告必须用血洁净（参阅创 12：8，26：25，33：20；撒上 7：9），好蒙悦纳，神因此宣告他们不配有祷告那么大的特权，除非神洁净他们的污秽，而他们唯独出于神的怜悯，才能坦然无惧地来到神面前并向他祷告。

10. 圣徒有时在祷告中宣称自己的义

有时圣徒在祷告中，看起来似乎表示他们之所以能求告神的帮助是根据自己的义。譬如大卫说："求你保存我的性命，因我是虔诚人"（诗86：2）；希西家同样也说，"耶和华啊，求你记念我在你面前怎样存完全的心，按诚实行事，又作你眼中所看为善的"（王下20：3；参阅赛38：3）。然而，他们如此祷告是在表明借着重生，神视他们为仆人和儿女，并应许施恩给他们。我们以上说过，神借着先知教导："耶和华的眼目看顾义人，他的耳朵听他们的呼求。"（诗34：15；诗33：16，武加大译本）以及借着使徒约翰教导："我们一切所求的，就从他得着，因为我们遵守他的命令。"（约一3：22）在此，神并非教导我们人的祷告靠自己的功德，反而他是在确立一切知道自己有无伪的正直和单纯之心（所有的信徒都应该知道）的信徒在祷告中的确据。事实上，《约翰福音》中那得看见的瞎子所说的话——神不听罪人（约9：31）——就是在教导这真理，只要我们按照圣经一般的教导来解释"罪人"，即那些在自己的罪中沉睡而不渴慕义的人。因为没有人能真诚地求告神，除非他切慕敬虔。因此，圣徒在祷告中宣称自己的纯洁和正直与神的应许有关，他们渴慕经历神给他所有仆人的应许。

此外，当他们在神面前将自己与仇敌做比较，求神救他们脱离仇敌的罪孽时，经常这样向神祷告。那么，他们若在这比较中宣称自己的义和单纯，好证明他们的求告是公正的，希望借此更感动神帮助他们，这并不足为怪。敬虔的人在神面前有无亏的良心，也因此证明他与神用来安慰和支持真敬拜他之人的应许有分。总之，我在此的目的并非想将确据这福分从敬虔之人的心里夺去，我所要表达的是他对自己的祷告将蒙应允的确据完全依靠神的赦免，一点都不在乎他的个人功德。

第四个原则：我们应当在祷告中抱着信心和盼望（11—14）

11. 盼望和信心胜过恐惧

第四个原则是：当我们心里充满真实的谦卑而虚己时，我们应当被激励祷告，因确信神必定应允我们。这两件事看起来似乎互相矛盾：一方面相信神喜悦我们，另一方面也相信我们的罪应得神的报应；但只要我们明白神出于他的慈爱，高举一切因自己的恶行而感到自卑的人，就不会认为这两者有冲突。根据我们以上的教导，即悔改和信心是密不可分的，虽然前者使我们感到惧怕，而后者使我们快乐，两者都必须在我们的祷告中存在。大卫简洁地教导这真理："我必凭你丰盛的慈爱进入你的居所；我必存敬畏你的心向你的圣殿下拜。"（诗5：7）大卫提到神的慈爱，证明他有信心，但他的信心同时也包括惧怕。神的威严不但使我们爱和敬畏他，我们自己的罪也除去我们一切的骄傲和自信，并使我们感到惧怕。

我在此所说的"确据"并不是那安慰我们的心并令我们感到某种甘甜的安息，释放我们脱离一切的忧虑。因当我们万事皆如意，没有任何担忧、渴望和惧怕时，才会有这样的安息。但就圣徒而言，最能激励他们求告神的情况就是他们深感自己的需要，心里受搅扰深感不安，甚至无所适从，直到神适时地赐给他们信心。因为在这样大的患难中，他们仍深感神的慈爱，即使他们因当时的困苦感到疲乏而叹息，也害怕将遭遇更大的艰难，却因依靠神的慈爱，他们就卸下这重担，心里得安慰并盼望将来得释放和拯救。如此，敬虔之人的祷告包括这两种情感是正常的。即他在现在的痛苦中叹息，也惧怕将来遭遇更大的痛苦，却同时投靠神，毫不怀疑神将甘心乐意伸出他的膀臂。我们若求告神的救助，却不相信神必定帮助我们，这将大大地激怒神。

祷告和信心

因此，没有比这原则与祷告的性质更相称的，即人不要随便开口向神祷告，而是要跟随信心的带领。基督提醒我们这原则："所以我告诉你们，凡你们祷告祈求的，无论是什么，只要信是得着的，就必得着。"（可11：24）他在另一处经文中也同样教导："你们祷告，无论求什么，只要信，就必得着。"（太21：22）雅各的教导也与此相似："你们中间若有缺少智慧的，应当求那厚赐与众人、也不斥责人的神……只要凭着信心求，一点不疑惑。"（雅1：5—6）他在此将信心与疑惑做对照，极为恰当地表达了信心的力量。但我们也要强调他接下来所说的话，即那些在疑惑中求告神的人，不确定神会垂听他们，就不会从神那里得着什么（参阅雅1：7），他也将这些人比作被风吹动翻腾的波浪（雅1：6）。雅各在另一处经文中称正确的祷告为"出于信心的祈祷"（雅5：15），且既然神经常宣告他照人的信心给人成全（太8：13，9：29；可11：24），神借此暗示我们在信心之外一无所得。

综上所述，获得神借祷告所赐给人一切的是信心，这就是保罗名言的含义："人未曾信他，怎能求他呢？未曾听见他，怎能信他呢？"（罗10：14）由此"可见，信道是从听道来的，听道是从基督的话来的"（罗 10：17），虽然没有智慧的人完全不予理会。保罗在此逐步地推断信心是祷告的起始，也明确地宣告唯有那些借着福音的宣讲，而明白乃至熟谙他慈爱和温柔的人，才会真诚地求告神。

12. 反驳那些否定信徒能确信神垂听自己祷告的人

我们的论敌毫不考虑神要求我们在祷告中的信心。所以，当我们劝勉信徒要坚信神喜悦和恩待他们时，我们的论敌认为这是最荒谬的。然而，只要他们曾经真正祷告过，他们就会了解：人若不确信神的慈爱，就不可能正确地求告神。既然除非人在内心经历过信心的力量，否则不可能明白何为真信心，所以与这种人争辩毫无意义。显然他们所宣称的一切都是虚空的幻想，因为人只能在求告神当中，发现我们所要求的确据的价值和需要。不明白这一点的人表示他的良心极为迟钝。我们也无须理会这种心盲的人，只要坚守保罗的教导：唯有从福音中认识到神的怜悯（罗 10：14），并确信这怜悯是神为他们预备的人，才会求告神。

那这是怎样的祷告呢？"主啊！我怀疑你是否真愿意垂听我的祷告。但因我的担忧迫使我投靠你，因我相信只要我配得，你就能帮助我。"圣经上记载的圣徒祷告并非如此，且圣灵也没有借使徒这样教导我们。使徒吩咐我们当"坦然无惧地来到施恩的宝座前，为要……蒙恩惠"（来 4：16）；也在另一处教导我们"因信耶稣，就在他里面放胆无惧，笃信不疑地来到神的面前"（弗 3：12）。我们若愿意有效地祷告，就应当双手抓住神将应允我们祷告的确据，因这是神亲口吩咐的，众圣徒的榜样如此教导我们。因为唯有靠着信心建立坚定不移的盼望，才是蒙神喜悦的祷告。使徒可以只单纯提到信心的条件，但他不但加上确据，更进一步地加上坦然无惧，好叫我们与非信徒有别，因为他们也与我们一样向神祷告，却是杂乱无序的。在《诗篇》中整个教会也是这样祷告："求你照着我们所仰望你的，向我们施行慈爱！"（诗 33：22）先知也在另一处提到同样的条件："我呼求的日子……神帮助我，这是我所知道的。"（诗 56：9）同样地，"早晨我必向你陈明我的心意，并要警醒"（诗 5：3）！我们从以上经文的教导推论，我们的祷告包括信心，就如在瞭望台上等候神一样。保罗对我们的劝勉也与此相似，在他劝圣徒"随时多方祷告祈求，并要在此警醒不倦"（弗 6：18）之前，他先吩咐他们"拿着信德当作藤牌……并戴上救恩的头盔，拿着圣灵的宝剑，就是神的道"（弗 6：16—17）。

  读者们要记得我以上所说：承认自己的悲惨、绝望和污秽与信心毫无冲突。因为不管信徒感到多劳苦、担重担，虽然他们深知自己没有任何能取悦神的，事实上，他们晓得因自己许多的过犯，神是极为可怕的神，但他们仍不断地来到神面前；并且，这可怕的感觉也不能拦阻他们来到神面前，因这是唯一来到神面前的方式。因为神命令我们祷告，不是要我们自高、自大地来到他面前，或认为自己在神面前有任何可夸的，乃是要我们在承认自己的罪之后，将我们的挂虑带到神面前，就如孩子们告诉父母自己的痛苦那般。事实上，我们众多的罪足以驱使我们以类似先知的祷告来到神面前："求你怜恤我，医治我，因为我得罪了你。"（诗 41：4）我承认若没有神的帮助，致命的箭将置我们于死地。但我们慈悲的父神出于他无比的慈爱，使我们在心灵困苦中得平安，安慰我们的担忧，除去我们的惧怕，温柔地吸引我们到他面前，事实上，神除掉一切的障碍，铺平我们到他那里去的道路。

13. 神的吩咐和应许成为我们祷告的动机

首先，我们若没有遵守神对我们祷告的吩咐，我们就是硬着颈项的。没有比《诗篇》的这吩咐更清楚的："要在患难之日求告我"（诗 50：15；诗 49：15，武加大译本）。既然在圣经中没有比要敬虔的人祷告更常见的吩咐，我就无须再花更多的时间讨论。基督吩咐我们："寻找，就寻见；叩门，就给你们开门。"（太 7：7）但他在这吩咐上也加上应许，这也是必需的，虽然所有的人都承认自己应该听从这吩咐，但若神没有应许他必垂听祷告，大多数的信徒在听到神的呼召时都必逃跑。

在我们明白这两件事情之后，我们若仍不愿意直接来到神面前，这不但证明我们的悖逆和顽梗，也证明我们的不信，因这是不信靠神的应许。我们应当更留意祷告的吩咐，因为假冒为善的人以谦卑为借口，傲慢地藐视神的吩咐和他对我们的邀请，甚至夺去应当归给神的主要敬拜。神在旧约中弃绝了当时以色列人认为最能充分证明人是否敬虔的献祭（诗 50：7—13），他接着宣告百姓在患难之日求告他，是他看为最宝贵的事（诗 50：15）。所以，当神要求本属于他的，并激励我们热心顺服他时，不管我们认为我们的不信有多合理，都是完全无可推诿的。因此，圣经对于我们多次求告神的吩咐，就如许多摆列在我们眼前的旗帜，好激励我们求告他。若非神吩咐我们向他祷告，我们擅自来到神面前就是任意妄为。所以神亲自给我们开一条路："我要说：'这是我的子民。'他们也要说：'耶和华是我们的神。'"（亚 13：9）由此可见，是神先吩咐我们敬拜他，并喜悦我们遵守这吩咐，所以，我们不要因恐惧而拒绝这悦耳的声音。

我们特别需要想到"神"这至高的称号，因我们倚靠这称号就能轻易地胜过一切的障碍："听祷告的主啊，凡有血气的都要来就你。"（诗65：1—2）就祷告而论，难道有比这更有吸引力的称号吗？因这称号使我们确信：应允信徒的祷告与神的属性完全一致。先知因此推论，神并不是只向少数人开启祷告之门，乃是向众人开启，因这段话是他向众人所说的："要在患难之日求告我，我必搭救你，你也要荣耀我。"（诗50：15）根据这原则，大卫将这应许应用在自己身上，使自己获得他向神所求的："万军之耶和华……因你启示你的仆人……所以仆人大胆向你如此祈祷。"（撒下7：27）我们由此推论：若没有神的应许这样鼓励他，他必定感到惧怕。他在另一处也用这原则坚固自己："敬畏他的，他必成就他们的心愿。"（诗145：19；诗144：19，武加大译本）在《诗篇》中，诗人经常在祷告中不由自主地开始赞美神的大能、慈爱，或神应许的可靠性。或许有人会认为大卫不恰当地插入这些赞美神的话，中断了自己的祷告，然而，信徒祷告的经验告诉他们，除非有新的燃料，否则自己的祷告就不会火热。因此，在祷告时默想神的属性和他的话语绝非多余。所以，我们应当效法大卫的榜样，设法更新自己的祷告，使之更活泼。

14. 信徒应当有信心，坦然无惧却心存敬畏向神祷告

奇怪的是，虽然神赏赐我们这样甘甜的应许，我们若非仍然冷漠，就是几乎没有受任何影响，以致我们当中的许多人宁愿在迷宫里徘徊，离弃神活水的泉源，为自己凿出破裂不能存水的池子（耶2：13），也不愿接受神白白赐给我们的丰盛。所罗门说："耶和华的名是坚固台，义人奔入，便得安稳。"（箴18：10）约珥在预言以色列人将遭受灾难之后，他加上这值得记念的一句话："凡求告耶和

华名的就必得救。"（珥2：32；罗10：13）我们都晓得这指的是福音（徒2：11）。百人当中几乎没有一人受感动来到神面前，神自己借以赛亚的口说："你们尚未求告，我就应允。"（赛65：24）他在另一处也教导：祷告的尊荣属于整个教会，因这是基督一切肢体的特权："他若求告我，我就应允他；他在急难中，我要与他同在；我要搭救他，使他尊贵。"（诗91：15）然而，就如我刚才所说，我并不打算引用所有的经文，而只想引用一些最关键的，使我们清楚地明白神极为温柔地吸引我们到他面前，并同时使我们明白自己的忘恩负义，神虽然如此激励我们，我们却因自己的迟钝一再拖延。因此，我们当经常提醒自己："凡求告耶和华的，就是诚心求告他的，耶和华便与他们相近。"（诗145：18；参阅诗144：18，武加大译本）我们以上所引用的以赛亚和约珥的话也有同样的含义，即神使我们确信他垂听我们的祷告，且当我们"将一切的忧虑卸给神"时，就如献祭的馨香之气蒙神悦纳（参阅彼前5：7；诗55：22；诗54：23，武加大译本）。当我们毫不犹豫也不恐惧地向神祷告时，神的应许就必定在我们身上得以应验。我们因神称自己为我们的天父而相信这真理，虽然在这称呼之外，他的威严必定使我们恐惧到极点。

因此，既然神多方面地激励我们，就充分证明神必垂听我们的祷告，因我们的祷告不依靠自己的任何功德，这些祷告全部的价值和成就的盼望，都是根据神的应许，也依靠这些应许。我们的祷告也不需要到处寻找其他的支持，我们也当确信：即使我们没有圣经所称赞敬虔的族长、先知和使徒那样高贵的圣洁，但既然我们与他们都从神那里同样受祷告的吩咐，也与他们有共同的信心，所以只要我们依靠神的话语，就是他们的弟兄姊妹。因为神（就如我以上所说）既然宣告他以温柔和慈爱待众人，就使悲惨的人能够盼望他们向神所求的。因此，我们就当留意圣经所给我们关于祷告的形式，因为在这种形式之下，神必不排斥任何人，只要我们以真诚的心、对自己不满的心、谦卑的心，并带着信心来到神面前，免得我们假冒为善地以诡诈的心求告神而亵渎他的名。我们慈悲的天父必不撇弃他所劝勉，甚至以各种方式激励来到他面前的人。这就是为何大卫以这样的形式祷告："万军之耶和华……因你启示你的仆人……所以仆人大胆向你如此祈祷：'主耶和华啊，惟有你是神。你的话是真实的，你也应许将这福气赐给仆人……主耶和华啊，这是你所应许的，愿你永远赐福与仆人的家！'"（撒下7：27—29）以及"求你照着应许仆人的话，以慈爱安慰我。"（诗119：76）且当以色列人以记念神的盟约坚固自己时，就充分证明祷告既依靠神的吩咐，我们就不应当抱着恐惧的心来到神面前。他们这样说是效法族长的榜样，尤其是雅各。他虽然承认自己一点都不配得神所施的一切慈爱（创32：10），但仍下决心向神求更大的事，因为这是神所应许他的（参阅创32：12—13）。

不管非信徒寻找怎样的借口，若他们在需要的时候拒绝投靠神、寻找他和求告他的帮助，这就是窃取神的荣耀，就如雕刻偶像一样，因他们如此做就是在否定神是万福之源。另一方面，没有任何事物比这思想更能除掉敬虔之人一切的疑惑，即只要他们顺服神的诫命，就没有什么拖延能拦阻他们归向神，因神宣告他最喜悦的是人的顺服。

这就更证明我以上所说的一点都不荒谬：在祷告中，坦然无惧的心与敬畏神的心里平安完全一致，而且神喜悦高举一切仆倒在他面前的人。如此，这些似乎互相矛盾的论点却奇妙地完全一致。耶利米和但以理说他们在神面前恳求（原文是将祷告摆在神面前）（耶42：9；但9：18）。耶利米在另一处说，"求你准我们在你面前祈求，为我们这剩下的人祷告"（耶42：2）。另一方面，圣经常常记载信徒向神"扬声祷告"（王下19：4），这是希西家王恳求先知在神面前替他代求的祷告。大卫希望自己的祷告"如香升到神那里去"（诗141：2）。信徒虽然确信神父亲般的慈爱，而甘心乐意将自己交托在神手中，也毫不犹豫求告神所白白地应许他们的帮助，但他们却不会因无知的自信感到得意，仿佛忘记自己的羞耻，而是依靠神的应许逐渐靠近神。如此，他们在自己的眼目中，仍是卑微求告神的人。

神也垂听有瑕疵的祷告（15—16）

15. 垂听有瑕疵的祷告

我们在此当做一些分辨，因圣经记载神曾应允某些来自不平安或不镇静之心的祷告。约坦虽有正当的理由，却被烈怒和报复的心激动，就起誓神将以烈火烧灭示剑人（士9：20）；神既然应允约坦对示剑人的咒诅，似乎神喜悦不节制的怒气。参孙也曾这样发怒过，他说："耶和华，求你赐我这一次的力量，使我在非利士人身上报那剜我双眼的仇。"（士16：28）虽然他心里也有某种程度的义怒，但他仍被报复仇敌的暴力心愿所控制。神应允了他的祷告，由此看来，我们似乎能推断：有时候祷告虽然不符合圣经的原则，却仍蒙神垂听。

我的答复是，几个例外无法驳倒普遍的原则；此外，有时神赐给人与众不同的冲动，因此神对他们的判断与一般人不同。我们在此当留意基督对门徒的答复，他们当时不假思索地求主效法以利亚的榜样，但他们的心如何他们并不知道（路9：55）。

然而，我们要进一步说明：神所应允的祷告不一定都是他所喜悦的。圣经上的教导充分证明这原则：神帮助可悲的人，并垂听那些被恶待而求告他之人的祷告，因此他根据可悲之人的祈求施行审判，虽然这些人一点都不值得从神手中获得什么。因为神经常刑罚不敬虔之人的残忍、抢夺、暴力、情欲，以及其他的罪，而借此制止他们的大胆和暴怒，并推翻他们专制的权力，同时也启示他帮助那些被恶待的人，虽然他们当时是向自己仍不认识的神祷告。《诗篇》也清楚地教导，有时没有信心的祷告仍然蒙垂听。《诗篇》将非信徒和信徒不由自主的祈求放在一起，且最后的结果证明神怜悯那些非信徒（诗107：6、13、19）。难道神的这宽容证明这些祷告蒙他悦纳吗？不，神只是借此机会彰显自己的怜悯，因他有时不拒绝垂听非信徒的祈祷，他也喜悦因此激励真敬拜他的人多向他祷告，因他们发现有时连非信徒的呼喊也蒙垂听。

然而，这并不能证明信徒应当因此不遵守神所给他们的吩咐，或羡慕非信徒，仿佛非信徒的祷告蒙垂听，证明他们获得极大的利益。我们以上说过，虽然亚哈王的悔改是虚假的，神却仍垂听他的祷告（王上21：29），为了证明当他的选民真实地悔改、求告他时，他有多乐意垂听。因此，在《诗篇》106篇中，神责备犹太人，因他们虽然知道神垂听他们的祈求（诗106：8—12），却在不久之后又表现出他们与生俱来的顽固（诗106：43）。《士师记》也证明这一点：每当以色列人流泪时，虽然他们的泪水是虚假的，神却仍救他们脱离他们仇敌的手（士3：9）。就如神叫日头照好人也照歹人（太5：45），同样地，他也不轻看那些被恶待之人的泪水。然而，神虽然听恶人的祷告，这却与救恩毫无关联，就如他将五谷赐给那些藐视他良善的人。

亚伯拉罕和撒母耳的祷告更困扰我们。前者虽然没有神的吩咐，却为所多玛人祷告（创18：23）；后者虽然被神禁止，却为扫罗祷告（撒上15：11）。耶利米同样反对神的意思而求神不要毁灭耶路撒冷（耶32：16及以下）。他们虽然被拒绝，但我们若说他们的祷告没有信心，这对他们是不公平的。我相信这解释会满足理智的读者们：他们根据一般的原则，即神吩咐我们怜悯那些不值得怜悯的人。因此，他们的祷告并非完全没有信心，虽然在这些事上，他们的看法是错误的。奥古斯丁曾经智慧地说过："有时当圣徒祈求那与神的预旨相悖的事时，怎么说他们的祷告是出于信心呢？这是因为他们按照神的旨意祷告，不是照他隐藏、不改变的旨意，而是照神所运行在他们心里的旨意，好让神出于他的智慧，以另一个方式垂听他们。"① 的确如此，神照他测不透的旨意调整事情的结局，好让圣徒的祷告（虽然有信心和谬误混杂在内）最终不至落空。但这却不应该成为我们在祷告中所效法的原则，就如我们不应该替圣徒找借口，虽然我并不否认他们祷告的立场是错误的。因此，当我们不是照神清楚的应许祷告时，就必须求神照他的意思应允。大卫的这祷告是很好的例子："求你为我兴起，你已经命定施行审判。"（诗7：6）大卫在此表示他所寻求暂时的福分是根据神特殊的圣言，否则他不会肯定神的垂听。

16. 我们的祷告唯有借着神的赦罪才能蒙垂听

这也值得我们留意：以上我所说关于祷告的四个原则并不是指

---

① 这是奥古斯丁在 *City of God* ⅩⅫ. 2. 1 –2（MPL 41. 753；tr. NPNF Ⅱ 499 f.）中的话，虽然是稍微不同的表达方式。

神严厉要求到一个程度，若信徒没有完美的信心或悔改，并完全照神的旨意热烈祈求，神就会拒绝他们。

我以上说过，虽然祷告是敬虔的人与神亲密的交谈，但我们也当抱着敬畏和节制的心，免得我们放荡地随便求告神，或祈求超过神所应许的；此外，我们也应当从心里纯洁地尊荣神，免得我们藐视神的威严。

从来没有人照神所要求的那般正直地祷告过，连大卫在神面前都有那么多不节制的埋怨，更何况一般的信徒了！这并不是说大卫故意与神争吵，或反对神的审判，而是因自己的软弱即将丧胆时，唯一得安慰的方式是将自己一切的痛苦都交托给神。然而，神宽容我们的不足，且当我们不小心说了不该说的话时，神也赦免我们的无知，因我们若没有这怜悯，就无法自由地向神祷告。虽然大卫想完全顺服神的旨意，也热心又有耐心地向神祈求，但他有时从心里爆发出一些偏激的情感，与我所说的第一个祷告原则有冲突。

当我们研读《诗篇》39 篇时，就能看见大卫这圣洁的人无法抑制他极度的痛苦。他说"使我在去而不返之先"（诗 39：13），这个绝望中的人在此似乎愿意在神的帮助之外在痛苦中衰残。但这并不是说他故意放任自己到这不节制的光景中，或像恶人故意远离神，他只是感受到神的忿怒是无法忍受的。圣徒在试炼中也经常献上一些不完全合乎圣经的祷告，这也表示他们没有好好地考虑何为合乎神旨意的祷告。一切有这样瑕疵的祷告都应当被神拒绝；然而，只要圣徒懊悔自己的罪、自责和悔改，神就赦免他们。

圣徒也在第二个原则上得罪神，他们经常因自己冷漠的心挣扎，且他们的需要和悲惨也不能激励他们热切地向神祷告。他们也经常不专心，甚至几乎想不到神，因此在这方面，他们也需要神的赦免，免得他们懒洋洋、支离破碎、分心、笼统的祷告被拒绝。人生来就知道这原则，即唯有专心仰望神的祷告才合乎神的旨意。我以上所说举手祷告的习惯证明这事实，这是所有时代以及所有种族的人共同的习惯。但几乎所有的人都知道在他举手时，他仍旧有某种程度的冷漠，因他的心没有跟着他的手一同仰望神！

至于求神赦罪，虽然没有任何的信徒忽略这祈求，但即使最会祷告的人也清楚自己的祷告远未达到大卫所说的这标准："神所要的祭，就是忧伤的灵。神啊，忧伤痛悔的心，你必不轻看。"（诗51：17）如此，信徒在两方面都需要赦罪：首先，他们虽然知道自己的许多罪，但他们却不像神所要求的那般感到自责。其次，既然神赏赐他们悔改和敬畏他的心，他们也因自己的过犯而谦卑，因此他们就当恳求审判官免除他们所应得的惩罚。

若非神的怜悯托住他们，最拦阻他们祷告的是软弱的信心，这是因为神经常用苦难操练他们，似乎故意想打击他们的信心，因此神赦免他们软弱的信心并不足为怪。最大的试炼就是信徒不得不呼喊说："你向你百姓的祷告发怒，要到几时呢？"（诗80：4；参阅诗79：5，武加大译本）仿佛祷告本身得罪了神，耶利米所说"他使我的祷告不得上达"（哀3：8）的这句话，就证明他感到十分困惑。圣经上有众多类似的例子，这就证明圣徒的信心经常混杂疑惑，他们在相信和盼望的同时仍表现出信心的不足。既然他们没有达成他们所渴望的目标，就应当更加努力地想要改善自己的错误，并一天比一天更接近完全相信神的祷告。同时，他们也应当深深地感觉到在解决问题的过程中制造更大的问题有多邪恶，以及面对一个事实：若神没有赦免信徒祷告的瑕疵，则没有任何的祷告不受他公义的憎恶。我这样说并不是要信徒不理会自己在祷告中的瑕疵，而是要他们严厉地自责，使自己努力并设法克服祷告中的障碍；虽然撒旦想尽办法拦阻他们祷告，但他们却要突破这一切，因确信他们的祷告虽然仍有障碍，却蒙神悦纳。神也接受他们的祈求，只要他们努力地想达到他们目前无法达成的目标。

基督的代求（17—19）

17. 奉主耶稣的名祷告

既然没有人配来到神面前，天父自己为了除掉那使我们感到绝望的羞耻和惧怕，赐给我们他的儿子——我们的主耶稣基督，做我们在神面前的中保（约12：1；提前2：5；参阅来8：6，9：15）。我们在他的引领下能坦然无惧地来到神面前，并因他做我们的代求者，我们就相信我们奉他的名所祈求的一切，神都会赏赐我们，因为父神绝不会拒绝他。这与我们以上对信心的教导有关，既然神应许赐基督做我们祷告的中保，除非我们带着祷告蒙应允的盼望倚靠他，否则我们无法借我们的祷告获益。

因我们一旦想到神可怕的威严，除非基督做我们的中保，将神可怕、荣耀的宝座变成恩典的宝座，否则我们因自己的不配，将颤抖地从神面前逃走。使徒也教导我们当坦然无惧地来到神面前，为要得怜恤，蒙恩惠，做随时的帮助（来4：16）。且神给我们求告他的原则，也应许一切如此求告他的人必蒙垂听，同样地，神也特别吩咐我们要奉基督的名求告他；而且，他也应许我们将获得奉基督的名所祈求的一切。基督说：`"向来你们没有奉我的名求什么，如今你们求，就必得着"（约16：24），还说"到那日，你们要奉我的名祈求"（约16：26），"你们奉我的名无论求什么，我必成就，叫父因儿子得荣耀"（约14：13）。

因此，那些奉别的名求告神的人，是顽梗违背神的诫命，并藐视他的旨意，所以他们与神的应许无分。事实上，就如保罗所说："神的应许不论有多少，在基督都是是的"（林后1：20），即它们必将成就。

18. 复活的基督是我们的中保

我们也应当特别留意，基督吩咐他的门徒在何时依靠他的代求，就是在他升天之后。他说："到那日，你们要奉我的名祈求。"（约16：26）

我们确定从一开始，唯有借着中保之恩祷告的人才蒙垂听，因这缘故，神在旧约中教导：唯有进入圣所的祭司才能在肩上佩戴以色列十二支派的名字，在胸牌上佩戴代表十二个支派的十二个宝石（出28：9—21），但百姓必须站在院子里保持距离，从那里与祭司一同向神祷告。事实上，祭司的献祭也有助于认可和坚固以色列人的祷告。因此，这律法之下预表基督的仪式教导我们，众人都不准来到神面前，且因此需要一位中保。这中保将代替我们来到神面前，将我们佩戴在肩上和胸前，使我们的祷告借着他蒙垂听；此外，我们的祷告借他所洒的血得洁净，因我们的祷告在基督的血之外是污秽的。由此可见，当时的信徒将祷告蒙应允的盼望建立在献祭之上，因他们确知献祭是神垂听祷告的方式，大卫说："愿他……记念你的一切供献，悦纳你的燔祭。"（诗20：3）由此可见，基督的代求从一开始就平息神的愤怒，使神悦纳敬虔之人的祈求。

那么，基督为何设立新的时间，并吩咐他的门徒从那时才开始奉他的名祈求，难道不就是因现今这更荣耀的恩典值得我们更看重吗？且基督稍前所说的也有同样的含义："向来你们没有奉我的名求什么，如今你们求……"（约16：24）这并不表示他们以前对中保的职分完全无知，因为这些仪式是犹太人众所周知的，而是因为他们还不十分明白基督在升天后是教会更确实的中保。所以，基督为了以特殊的福分在他离开之后安慰门徒，就教导他将亲自担任中保的职分，这也表示在这之前他们没有这特殊的福分，但如今神要将之赐给他们，使他们借基督就能更坦然无惧地求告神。因此，使徒教导说：这新的道路是用基督的血分别为圣的（来10：20）。除非我们以双手迎接神专门为我们预备的这无比珍贵的福分，否则我们的顽梗是无可推诿的。

19. 甚至在信徒彼此的代祷上，基督也是唯一的中保

既然基督是众圣徒唯一来到父面前的道路（参阅约14：6），所以那些离弃和弃绝这道路的人，就没有什么可以引他们到神面前来；神的宝座对他们而言只有愤怒、审判和恐惧。此外，既然父神印证基督（参阅约6：27）做我们的君王（太2：6）和元首（林前11：3；弗1：22，4：15，5：23；西1：18），那么，那些在任何方面拒绝他的人，就是在尽力毁坏神自己所设立的印记。如此，基督被设立为唯一的中保，而且他为我们的代求，使我们能坦然无惧地来到父的施恩宝座前祈求。

保罗的确教导圣徒要彼此代求（提前2：1），将对方的救恩交在神手中，然而，这彼此的代求不但没有窃取基督的荣耀，反而单靠基督的代求。这些代祷出于信徒彼此的爱，因信徒甘心乐意彼此接纳做这身体的肢体，这些代祷也都是出于他们的元首。且当信徒

奉基督的名彼此代祷时，难道不就证明在基督的代求之外，祷告对众人没有任何帮助吗？基督的代求与我们在教会里彼此的代祷毫无冲突。所以，我们应当以此作为坚定的原则，即我们在教会里一切的代祷，都专靠唯一能替我们代求的基督。这原则也更定我们忘恩负义的罪，因为神不但赦免我们这些完全不配的人，允许我们为自己祷告，也允许我们彼此代祷。神既然在教会中指派代求的人，且这些代求者若只为自己的需要祷告，就是不称职的；另一方面，我们若滥用神的祝福，以教会的代求者取代基督，就窃取基督的荣耀，这是极其任意妄为的罪。

（以下删节 20—27 节）

祷告的种类：私人和公众的祷告（28—30）

28. 私人的祷告

虽然将祷告局限于祈求和代祷是对的，然而，祈求与感谢彼此的关系密切到我们能将两者都包括在同一种祷告的范围之内，保罗所提到的祷告都是属于前者（参阅提前 2：1）。在祈求的时候我们将自己的希望摆在神面前，恳求那些将荣耀归给神的事，且将他的名显为大，以及求那些对我们有益的福分。在感谢时，我们称赞神对我们的祝福，并将自己一切所领受的益处、所应得的荣耀都归给神，因此，大卫将两者摆在同一个范围之内："要在患难之日求告我，我必搭救你，你也要荣耀我。"（诗 50：15）

圣经有极好的理由吩咐我们不断地向神祈求并感谢他。因我们在之前已说过，我们极大的穷困和自己的经验都宣告四面所压迫我们的患难既多又大,以至于我们都当不断地向神叹息,并求告他。因为即使信徒没有遭受任何患难,他们自己的过犯所应得的审判和他们所遭受无数的诱惑也应当激励最圣洁的信徒求告神的帮助。然而,若我们不想得罪神,我们就当不断地赞美和感谢他,因神不断地对我们恩上加恩,是为了激励我们迟钝、懒惰的人心存感恩。简言之,神的祝福既大又多到几乎湮没我们,且四围众多和大能的神迹也应当感动我们一直不断地赞美和感谢神。

更详细地说,根据以上的证明,我们一切的盼望和财富都在神里面,甚至我们以及自己的财产在神的祝福之外都无法兴旺。因此,我们应当常常将自己和我们所有的一切都交托给神(雅4:14—15)。我们也应当下决心将自己一切的思想、言语和行为都摆在神的管理和旨意下,换言之,摆在盼望神的协助之下。因为神宣告一切因信靠自己或他人而决定并施行自己一切计划的人都在他的咒诅之下,他们若做或尝试做任何在神旨意之外的事,或忽略求告他,也都在他的咒诅之下(参阅赛30:1,31:1)。

且既然就如我们一再重复的,当我们承认神是万福之源时,我们就在将他所应得的尊荣归给他,这就证明我们应当抱着不断感恩的心,领受他所赐给我们的万物。除非我们继续不断地赞美和感谢神,否则我们没有任何正当的理由享受他出于慷慨所赐给我们的福分。当保罗教导我们这些福分都是因神的道和人的祈求成为圣洁(提前4:5)时,这就暗示没有神的道和祷告,这一切对我们而言不是圣洁的(在这里,按修辞学中的转喻而言"神的道"显然指的是"信心")。因此,当大卫感觉到神对他的慷慨时,奇妙地宣告:他使我口唱新歌(诗40:3)。这就暗示:我们若没有因神的祝福赞美神,我们的沉默就是恶意,因为神每一次祝福我们,就赐给我们赞美他的机会。

同样地，以赛亚宣告神荣耀恩典的同时劝信徒当向耶和华唱新歌（赛42：10）。大卫在另一处以同样的意义说："主啊，求你使我嘴唇张开，我的口便传扬赞美你的话！"（诗51：15；诗50：17，武加大译本）希西家和约拿也以同样的方式见证，若他们得释放，他们将在圣殿里颂赞神的慈爱（赛38：20；拿2：9）。大卫也以同样的原则教导众圣徒："我拿什么报答耶和华向我所赐的一切厚恩？我要举起救恩的杯，称扬耶和华的名。"（诗116：12—13；参阅诗115：12—13，武加大译本）这也是教会在另一篇《诗篇》中的见证："耶和华我们的神啊，求你拯救我们……我们好称赞你的圣名，以赞美你为夸胜。"（诗106：47；诗105：47，武加大译本）以及"他垂听穷人的祷告，并不藐视他们的祈求。这必为后代的人记下，将来受造的民要赞美耶和华……使人在锡安传扬耶和华的名，在耶路撒冷传扬赞美他的话。"（诗102：17、18、21；参阅诗101：21，武加大译本和七十士译本）

事实上，每当信徒求告神为他自己的名行事时，他们同时也在承认自己不应得什么，也在承认感谢是必需的，并承诺借着传扬神的慈爱，正当地使用他的祝福。何西阿在预言教会将来的救赎时说："求你除净罪孽，悦纳善行，这样，我们就把嘴唇的祭代替牛犊献上。"（何14：3）

赞美神不但是因受神的祝福而应尽的本分，这些祝福也使我们爱他。大卫说："我爱耶和华，因为他听了我的声音和我的恳求。"（诗116：1；参阅诗115：15，武加大译本）他在另一处记念神对他的帮助而说："耶和华，我的力量啊，我爱你！"（诗18：1）我们的赞美若不是出于这甘甜的爱，就无法蒙神悦纳。此外，保罗告诉我们，我们的祈求若没有随着感谢而献上，都是邪恶和恶意的。保罗说："要凡事藉着祷告、祈求和感谢，将你们所要的告诉神。"（腓4：6）他的意思是：许多人的祷告都受自己的不悦、无聊感、不耐烦、苦毒和惧怕影响，所以他劝信徒当克制自己的情感，一方面等候神的赏赐，一方面快乐地赞美神。既然神严厉吩咐我们在自己不悦时仍要心存感恩，那么当神垂听我们的祷告时，我们就更应当怀着敬畏的心称赞他。

我们在上面教导过：基督的代求洁净我们的祷告，而在他代求之外，我们一切的祈求都是不洁的。同样地，使徒既因吩咐我们借着基督将赞美献给神（来13：15），就教导我们：除非基督以祭司的职分替我们代求，否则我们的嘴唇就不洁净而无法赞美神。由此可知，天主教徒是受欺哄的，因他们大多数人居然不知道基督为何被称为"中保"。

保罗之所以吩咐我们当不住地祷告和感谢神（帖前5：17—18；参阅提前2：1、8），显然是因为：既然神不断地赏赐我们极为充分的理由赞美他和向他祷告，那么保罗就希望万人能常常、随时随地、在一切的情况下，将自己的需求交托给神，盼望神将万物赏赐我们，且之后将他所应得的赞美归给他。

29. 公众祷告的必要性和注意事项

神吩咐我们不住地祷告，虽然主要在乎的是我们的私祷，却仍与教会的公祷有关。然而公祷不可能是不住的，甚至也受限于大家所公认的教会次序。因这缘故，虽然不是出于神的吩咐，但为了人的方便，教会当决定一些固定祷告的时间，使众信徒都得益处。也要遵守保罗给我们的吩咐，即"凡事都要规规矩矩地按着次序行"

（林前14：40）。但这并不表示各教会不应该在有迫切的需要时花更多的时间，并更迫切地求告神。不住的祷告与圣徒的坚忍有密不可分的关系，我将在本章末尾更详细地教导圣徒的坚忍。

我上面所说的一切与基督在祷告中所禁止的重复话无关（太6：7）。因为基督所禁止的并不是很长的祷告、经常向神祷告或迫切的祷告，而是禁止我们自以为能以啰唆的言语迫使神厌烦而屈从我们的要求，仿佛我们能说服神，好像神和必死之人一样。假冒为善的人既因不思考祷告的对象是神，就在祷告中表现自己的傲慢，仿佛在战争中得胜那般。那位感谢神说自己不像其他人那样的法利赛人（路18：11），无疑是在人面前称赞自己，就如他想借祷告使人知道自己出众的圣洁。如今在天主教会里的重复话也因同样的缘故受欢迎。有人再三地重复琐屑的祷告，有人在会众面前以许多啰唆的言语自夸。既然这样的啰唆既幼稚也是嘲笑神，难怪教会禁止之，为要避免一切不是出自内心迫切的祷告。

基督也禁止另一种与此类似的败坏祷告：假冒为善的人为了炫耀，渴望有许多的听众听他们祷告，因此他们宁愿去市场祷告，也不愿他们的祷告缺乏听众（太6：5）。既然我们以上已经解释过祷告的目的——信徒当迫切赞美神或求告他的帮助——由此可见，祷告主要的部分在乎人的心和思想。换言之，祷告是人将心里的感觉诚实地献给那位鉴察人心的神（参阅罗8：27）。因此，就如我们以上说过的，当那位天上的教师喜悦为我们设立祷告最好的准则时，他吩咐我们要进自己的内屋，关上门，向在暗中的父祷告，且父在暗中察看必然报答我们（太6：6）。因当主禁止我们效法假冒为善之人的榜样——因他们希望借虚妄、卖弄的祷告吸引人的称赞——时，他同时也吩咐我们更重要的事：要进自己的内屋，关门而向神祷告。我深信他的这话教导我们当私下向神祷告，因这会帮助我们全心全意、深入地与神交通。他保证当我们出自内心亲近神时，神因我们的身体是他的圣殿，也将亲近我们（参阅林后6：16）。

他的意思并不是说我们不应当在别的地方祷告，而是教导我们祷告是私人的事情，主要在乎我们的心，也要求我们离弃一切使我们分心的事物，得以进到神面前。因此，主自己想要更迫切地祷告时，他习惯离开众人的嘈杂，寻找安静的地方，不是没有道理的，他这样做是要我们效法他的榜样，不要忽略这些能帮助我们软弱的心更迫切祷告的方法。此外，既然他有时也适时地在人群中祷告，所以，我们也要效法他的榜样，适时举起圣洁的手随处祷告（提前2：8）。

最后，我要指出拒绝公众祷告的人不明白何谓私人、私下的祷告。反之，忽略私祷的人，不管他是否从不错过任何公祷的机会，他的公祷也是虚妄的，因他在乎人的看法胜过神隐秘的判决。

此外，神在古时为教会的公祷取了极为光荣的称号，免得他的选民开始藐视祷告。其中一个是神称圣殿为"祷告的殿"（赛56：7；太21：13）。他的这称号教导我们祷告是敬拜神主要的部分，且神设立圣殿使信徒能一同祷告。他也加上一个独特的应许："神啊，锡安的人都等候赞美你，所许的愿也要向你偿还。"（诗65：1）先知在此教导我们，教会的祷告从不落空，因神借祷告使他的百姓欢喜快乐。然而，虽然旧约里的影子已经过去了，但既因神喜悦借祷告的仪式使他的百姓在真道上合而为一，无疑这应许也属于我们。基督亲口认可这应许，保罗也宣告它永远有效。

30. 不是教堂而是我们自己才是神的殿

既然神吩咐信徒有公祷，所以我们就应当有公共的圣殿，好让我们方便遵守这诫命。如此，那些拒绝在祷告中与神的百姓交通，而说我们能在自己的房间里遵守神诫命的人，完全无可推诿。因当主应许有两三个人奉他的名求告他，他必成全他们的祷告（太 18：19—20）时，就在见证他不藐视公祷，只要我们弃绝一切的虚饰和自取荣耀的行为，从内心表现对神真诚和真实的爱。

既然举行公祷是教堂正确的作用，我们就当谨慎，免得以为教堂是神的居所，因此在那里我们能更亲近他——这是教会几百年前所编造的迷信——或以为教堂有某种奥秘的圣洁，使我们的祷告更圣洁。但既然我们自己才是神真正的圣殿，我们若想要在神的圣殿里求告他，就必须出自内心向神祷告。就让犹太人或异教徒继续愚昧地相信这迷信吧！因主吩咐我们在各处"用心灵和诚实"求告他（约 4：23）。

在古时，神吩咐以色列人为了祷告和献祭将圣殿献给他，那时神的真理隐藏在这神秘的预表下，但如今神已清楚、活泼地显明这真理，所以我们的祷告更不需要依靠物质的建筑物。神原本为犹太人设立圣殿也不是要他们以为能把神的同在局限在这建筑物中，而是要训练他们思考何谓真圣殿。所以，以赛亚和司提反严厉斥责人误以为神住在人手所造的殿里（赛 66：1；徒 7：48—49）。

歌唱和言语（31—33）

31. 言语和歌唱的祷告

由此可见，不管是言语或歌唱方式的祷告，除非是出自内心，否则在神面前毫无价值。若我们的祷告只是嘴唇和喉咙的动作，反而激怒神，因为这样的祷告玷污神的圣名并藐视他的威严。这就是以赛亚所斥责的罪，虽然它所包括的范围更广。他说："这百姓亲近我，用嘴唇尊敬我，心却远离我；他们敬畏我，不过是领受人的吩咐"（赛29：13；参阅太15：8—9），"所以，我在这百姓中要行奇妙的事，就是奇妙又奇妙的事。他们智慧人的智慧必然消灭，聪明人的聪明必然隐藏"（赛29：14）。

然而，我们在此并非责备言语和歌唱的祷告方式，而是劝人要如此祈祷，只要是出自内心。因为这样的祷告帮助我们专心默想神。我们的心若没有外在的帮助，是善变、容易动摇、懒惰和分心的。此外，既然神喜悦人的各部分肢体都荣耀他，所以舌头不管是借歌唱或言语，都特别适合将荣耀归给神。因为神特别创造舌头就是为了述说和宣扬神的美德。而公祷就是舌头最主要的作用，因为公祷是信徒聚会时献给神的。在公祷时，众人如同一人同声赞美、荣耀神，同心敬拜他。公祷的目的是要众人以一位代表，共同表现教会的信仰，且受激励更坚定地相信神。

32. 在教会中的歌唱

在教堂里唱诗不但是古老的习惯，甚至也是使徒的习惯，保罗的这句话可以证明："我要用灵祷告，也要用悟性祷告。"（林前14：15）保罗也对歌罗西的信徒说："用诗章、颂词、灵歌彼此教导，互相劝戒，心被恩感，歌颂神。"（西3：16）保罗在第一处经文中教导我们当从心里用声音歌颂；在第二处经文中则劝我们用灵歌彼此造就。

然而奥古斯丁却见证，在教堂里歌唱不是当时普遍的现象。他说米兰教会到了安波罗修的时代才开始唱诗，主要是在瓦伦提尼安（Valentinian）的母亲查士丁娜（Justina）猛烈地攻击正统基督教信仰时，教会为了更专心警醒祷告就开始唱诗。之后，西方教会也效法米兰教会的榜样,因为他在前面告诉我们这是东方教会的习俗。他也在他的《订正录》(*Retractations*) 第二册中告诉我们,非洲的教会是在他的时代才开始唱诗的。他说:"一位护民官名叫希拉利(Hilary),到处恶劣地斥责当时在迦太基教会里刚开始的习惯,即在聚会时或在领圣餐前或正在领圣餐时,用诗篇唱诗。我因一些弟兄的请求答复他。"①

我们若抱着在神和天使面前应该拥有的敬畏心态,我们就会更认真、严肃地敬拜神,这也会大大地激发我们热心、迫切地求告神。然而我们也当谨慎,免得旋律比歌词更感动我们。奥古斯丁在另一处陈述这危险烦扰他,乃至他有时希望教会能效法阿塔那修(Athanasius)的习惯。阿塔那修吩咐领会的人在唱诗时要控制声音到唱诗像念经而不像音乐。然而,当他想到唱诗大大地帮助他敬拜神时,他就改变主意了。所以,教会在唱诗时节制,无疑是圣洁,也是对众信徒很有帮助的习惯。另一方面,那些只为了悦耳的目的所作的歌曲与教会的威严极不相称,也极其激怒神。

33. 应当用共通的言语祷告

根据同样的原则,显然我们的公祷不应该效法拉丁人用希腊文或法国人和英国人用拉丁文祷告的榜样,我们反而应当用当地人共通的言语祷告,使所有参加敬拜的人都能明白。因公祷的目的是要造就教会,若我们用人所不明白的话祷告,谁都无法获益。那些不留心爱或仁慈的人,他们至少应多少被保罗的权柄说服。他的这段话再清楚不过了。他说,"你用灵祝谢,那在座不通方言的人,既然不明白你的话,怎能在你感谢的时候说'阿们'呢?你感谢的

---

① Augustine, *Retractations* II.11 (MPL 32 634).

固然是好，无奈不能造就别人。"（林前14：16—17）那么，在使徒保罗公开地斥责之后，天主教徒仍然放荡大胆地用外国语言祷告，难道这是可以被接受的吗？他们自己都一无所得，也不希望别人明白！

然而，保罗的盼咐并非如此。他说："这却怎么样呢？我要用灵祷告，也要用悟性祷告；我要用灵歌唱，也要用悟性歌唱。"（林前14：15）他所说的"灵"是指方言的恩赐，虽然他们当中有人拥有这恩赐，因为将之与悟性截然分开，因而滥用了这恩赐。但是，我们应当确信不管是公祷或私祷，舌头若不配合悟性，就是神所厌恶的。此外，人的悟性应当热切地默想真理，甚至远超过舌头所能述说的。

最后，对于私祷而言，我们应当主张舌头并不是必需的，只是有时心里的感动需要舌头来帮助我们，或我们在心里激动到舌头自然而然地被感动。虽然有时最好的祷告是沉默的，但有时我们心里感动时，舌头就毫不虚饰地发言，而其他的肢体也一同反应。无疑地，哈拿声音模糊不清的祷告就是如此（撒上1：13），这也是众圣徒在祷告中的经验。

至于在祷告中身体的姿势，如跪在地上和脱下帽子，它们能帮助我们更敬畏神。

主祷文：前三项的解释（34—43）

34. 主祷文是我们不可缺少的帮助

我们不但应当追求更好的方法，也要留意祷告的形式，即父神借着他爱子所教导我们的形式（太6：9及以下；路11：2及以下），这形式帮助我们承认神丰盛的慈爱和赦免。神吩咐和劝勉我们在一切的需要中寻求他，就如小孩在遭受任何痛苦时投靠父母的保护那般。此外，既然神知道我们不够清楚自己的穷困，不晓得神允许我们求什么，或哪些事对我们有益，所以，他屈就我们的无知，并补足我们能力不足的方面。主给我们开列了一个清单，其中包括允许我们求告他的一切、对我们有益的一切以及我们所需要的一切。神的这种慷慨成为我们极大的安慰，因为我们在这形式下就能确信自己所求的不荒谬、不奇怪或与神的属性不相称。简言之，不求告任何神所不喜悦的事，因为我们几乎是用他自己的话向他祈求。

当柏拉图发现人在求告神时，严重地表现出自己的无知，以致若获得他们所求的也将对他们不利，他宣称这来自古时诗人的祷告，是最佳典范："朱庇特君王，不管我们求不求，请赏赐我们上好的事物，且即使我们求告对我们有害的事物，恳求你千万不要给我们。"① 这外邦人的确有某种程度的智慧，因他知道照自己的贪心求告神是极其有害的；他同时也揭示出人的不幸，因为除非圣灵教导我们正确祷告的形式，否则我们在神面前开口都成为自己的危险（罗 8：26）。既然神的独生子为了免去我们一切的疑惑，赏赐我们祷告的言语，我们就应当更看重祷告这特权。

35. 祷告的结构和内容

祷告的形式包括六个不同的项目，也有人说祷告包括七个不同的项目，但我并不以为然。这是因为马太用"但"这连接词，意思好像是要将两个子句连在一起（中文省略了这连接词）。他仿佛在

---

① Plato, *Alcibiades* II. 142 E, 143 A (LCL Plato VIII. 249).

说:"不要容试探压迫我,反而要帮助我们的软弱而保守我们,免得跌倒。"古时的神学家也同意我们的立场,所以我们应当把第七个项目包括在第六个之内。

虽然在整个祷告中,我们都应该把荣耀神当作我们的首要考虑,但前三项专门教导我们如何恳求神的荣耀,而且在这三项中,我们应当完全在乎神的荣耀,而不考虑自己的利益。其他三项似乎教导我们应当如何关心自己,也特别教导我们为了自己的利益该求什么。所以,当我们说愿人都尊神的名为圣时,神喜悦借此试验我们是甘心乐意地爱和敬拜他,还是为了自己得益处。如此,我们完全不可考虑自己的利益,反而应当专心将神的荣耀摆在前头。而且,在其他两个类似的项目上也当如此行。

其实,我们在这一项上也获得极大的益处,因为当神的名照我们的祈求被尊为圣时,我们自己也同时被分别为圣。然而,我们在这一项上应当完全不顾自己的利益。那么,即使我们完全没有获益的盼望,仍会不断地渴望并祈求神的名被尊为圣,以及其他在乎将荣耀归给神的事。在摩西和保罗的身上我们能看出,对他们而言,不顾虑自己不但没有令他们感到担忧,他们甚至迫切地宁愿自己灭亡,也不要神的荣耀和国度受损(出3:32;罗9:3)。另一方面,当我们求主将日用的饮食今日赐给我们时,虽然我们所求的是自己的利益,但我们应当主要求神因此得荣耀,若神没有因此得荣耀,我们就不求。我们现在要开始解释祷告的内容。

"我们在天上的父"

36. "我们的父"

首先,一开始我们就被提醒我以上所说过的:我们应当将一切的祷告都奉基督的名献与神，因为若是奉别的名，神绝不会悦纳。因当我们称神为"父"时，我们同时也提到基督的名，否则谁擅敢称神为"父"呢？谁敢轻率地将神儿子的职分归在自己身上，除非借着基督而被收养为神恩典之子。基督虽然是神独一的真实儿子，却自愿被差派成为我们的兄弟，好让他本性中一切的丰盛，借着儿子的名分成为我们的，只要我们以真诚的信心接受这极大的福分。所以，约翰告诉我们：凡信神独生子之名的人，神赐他们权柄与基督一同做他的儿女（约1：12）。

所以神称自己为我们的父，也要我们这样称呼他。神借这奇妙甘甜的名，除掉我们的疑惑，因为没有人比父亲有更大的爱。所以，没有比使我们得称为他的儿女，更能够表现他对我们测不透的爱（约一3：1）。神既然在良善和怜悯上超过万人，同样他的爱比我们众人父母的爱更伟大和光荣。因此，即使全世界的父亲都离弃自己的小孩，不再担任父亲的职分，神也绝不离弃我们（参阅诗27：10；赛63：16），因为他不能背乎自己（提后2：13）。因我们有神的应许："你们虽然不好，尚且拿好东西给儿女，何况你们在天上的父？"（太7：11）以及"妇人焉能忘记她吃奶的婴孩……即或有忘记的，我却不忘记你。"（赛49：15）然而，如果我们是他的儿女，我们若自愿把自己交给陌生人或外国人抚养，就是在埋怨自己的父亲是残忍或是贫困的。同样地，我们若在神之外求告任何帮助，就是在控告神是贫穷、残忍或过度严厉的。

37. "我们的父"：这称呼应当成为我们的勉励

我们也不可说我们知罪使我们害怕亲近神，因为罪天天使我们仁慈和温柔的父亲对我们不悦。既然就人而论，儿子在父亲面前不可能有比自己更好的律师为他辩护和代求，只要他怀着恳求和自卑的心承认自己的罪过和祈求父亲的怜悯，父亲不可能不因此受感动，那么那"发慈悲的父，赐各样安慰的神"（参阅林后1：3）又将会如何呢？难道他不是宁愿留意他儿女恳求他的呼声和叹息（尤其是因他自己请他们和劝他们如此行），也不愿听那些怀疑父亲的温柔和赦免的儿女——他们害怕甚至绝望地请别人替之在父亲面前辩护——吗？他在这比喻中表现自己父亲般丰盛的慈爱（路15：11—32）：一个儿子离弃了父亲，放荡地浪费了他所有的财产（13），在各方面大大地得罪父亲（18），但父亲却以拥抱欢迎他回来，并没有等他求赦免，却主动地接他回来，从远处认出他，自愿去迎接（20）、安慰和悦纳他（22—24）。神之所以给我们这父亲伟大之爱的榜样，是要教导我们确信他自己更丰盛的爱。因神不但是父亲，甚至是最好和最仁慈的父亲，只要我们投靠他的怜悯，虽然我们是忘恩负义、悖逆和顽梗的儿女，且为了使我们更确信他对我们是这样的父亲，只要我们是基督徒，他喜悦我们不只称他为"父"，甚至称他为"我们的父"。仿佛他喜悦我们这样说："父啊，你既然以丰盛的大慈爱待你的儿女们，并愿意赦免他们，我们是你的儿女，因此求告你，并确信你纯粹以父亲的爱来恩待我们，虽然我们完全不配有这样的父亲。"

但我们因心胸狭窄而无法明白神无限的恩惠，神不但给我们基督做儿子名分的凭据和保障，他也赏赐我们圣灵，向我们见证这儿子的名分，好让我们因这身份能自由和大声地呼叫："阿爸，父。"（罗8：15）因此，每当我们犹豫是否来到神面前，我们要记住求神除掉自己的害怕，并赐给我们圣灵，使我们坦然无惧地向他祷告。

38. "我们的父"：这称呼教导我们与其他弟兄交通

然而，神并不是教导我们各人称他为自己的父，而是共同称他为我们的父。这事实教导我们要对弟兄有何等大的爱，因神之所以怜悯和白白地赐给我们他一样的爱，是因我们都平等地是他的儿女。若神是我们众信徒共同的父（太23：9），且我们所领受的一切福分都来自他，我们就不应当有任何不乐意与众弟兄分享的事物。

既然我们应当乐意伸手帮助众弟兄，那我们对弟兄最大的帮助就是，将他们交托给那最好的父亲的护理，因他是仁慈和爱我们的神，难道我们还别有所托吗？事实上，这是我们对父亲所欠的债。就如珍爱一个家庭之父亲的人，同时也爱并善待他的全家；同样地，我们也应当对这位天上之父的子民、他的家庭以及产业表示同样的热忱和爱。因神给他儿女的尊荣大到称他们为他独生子所充满的（弗1：23）。但愿基督徒们能照这准则祷告，承认自己与众儿女们合而为一，并接纳一切在基督里的弟兄，不只是那些他所能看见的，而是神在全世界的儿女们。我们虽然不晓得神对他们的计划如何，然而希望他们将蒙神最大的祝福，既仁慈又敬虔。我们应当以特殊的爱去爱信徒一家的人，因保罗特别盼咐我们在万事上关心他们（加6：10）。综上所述，我们每逢祷告都要记念主在神国度和神家中建立的整个教会。

39. 祷告和施舍的比较

然而，这并不表示我们不应该特别为自己和我们所认识的少数信徒祷告，只要我们记住所有的祷告都离不开整个教会。我们虽然有各人的祷告，但既然各人一切的祷告都有共同的目标，所以我们的祷告都合而为一。我们举例就能更清楚明白这一点。神给我们照顾穷人的一般吩咐，然而遵守这命令的人也只能关心到他们所知道或看见的穷人，虽然他们因不知道或钱财有限的缘故忽略许多同样有需要的穷人。如此，当知道和在乎教会共同益处的信徒，心中挂念神的百姓，在祷告中只为自己或神所叫他知道的其他圣徒代祷时，并不算违背神的旨意。

祷告与施舍有所不同，因我们只能向自己知道的人施舍。但在祷告中我们甚至能帮助我们根本不认识的人，不管我们与他们的距离有多远。当我们为神的众儿女们祷告时，我们就在如此行。当保罗吩咐众信徒当举起圣洁的手，随处祷告时，也有同样的含义（提前2：8）。他之所以警告他们纷争使他们的祷告不蒙垂听，是要他们合一地将自己的祈求献与神。

40. "我们在天上的父"

主加上"在天上的父"（太6：9）并不表示神受空间的约束。因所罗门教导我们，就连天和天上的天尚且不足他居住（王上8：27）。神自己也借先知说天是他的座位，地是他的脚凳（赛66：1；徒7：49；参阅诗17：24）。神显然借此表明他不受空间的约束，而是无所不在的。只是若不用这样的隐喻，我们迟钝的心就无法明白神难以言喻的大荣耀。神之所以用"天"，是因我们无法想象比天更威严和更光荣的地方。我们虽然习惯将每一样东西局限在我们的感官所能感觉到的地方，但我们无法将神局限在任何地方；因此，我们若想要寻求神，就必须超越自己身体和心智的范围寻求他。其次，"在天上"也表示神不受玷污，不改变。最后，这片语也表示神拥抱、托住和以自己的大能掌控全宇宙，就如说神是无限量伟大、至高至上、本质无法测透、全能和永恒的。当我们这样思想神时，我们的思想必须提升到顶点；我们不可将任何世俗或属肉体的属性归给他，不可以自己的标准衡量他，或以为他的旨意与我们的意志相同。我们要同时因这启示加倍地相信神，因知道神以自己的护理和全能统治天地。

综上所述，神以"父"这称号向我们启示自己的形象，使我们以坚定的信心求告他，且"父"这亲密的称呼不但增加我们对他的信心，也有效地帮助我们远离敬拜假神的诱惑。因此，我们敬拜的对象是独生子的父，众天使和教会至高的父神。其次，既然他的宝座建立在天上，所以，他统治全宇宙这个事实很有说服力地提醒我们来到神面前不是偶然的，因他甘心乐意随时向我们提供他的帮助。使徒告诉我们："到神面前来的人，必须信有神，且信他赏赐那寻求他的人。"（来11：6）基督在此宣告关于父的这两件事：他是我们信心的对象，以及我们应当确信他必不忽略我们的救恩，因为他的护理居然包括我们。保罗借这简单的教导预备我们的心正确地向神祷告。因为他在吩咐我们向神祈求之前，先说"应当一无挂虑"（腓4：6），"主已经近了"（腓4：5）。由此可见，那些不确信"耶和华的眼目看顾义人"（诗34：15；参阅彼前3：12）的人，在祷告时心里仍充满怀疑和迷惑。

41. 第一个祈求事项

第一个祈求事项吩咐我们尊神的名为圣（太6：9），这吩咐证明人的羞耻。我们的忘恩负义、对神的恶意、任意妄为和疯狂的悖逆窃取神的荣耀，难道有比这更悲惨的吗？即使一切不敬虔之人都放荡地亵渎神，神圣洁的名仍是毫无玷污的。先知贴切地宣告："神啊，你受的赞美正与你的名相称，直到地极！"（诗48：10）人在哪里认识神,神必定在那里彰显自己的属性;全能、良善、智慧、公义、怜悯、真理,这些属性应当令我们惊讶,并激发我们赞美神。既然世人污秽地亵渎神的圣洁,因此,即使我们无法宣扬这圣洁,我们至少被吩咐在祷告中在乎这圣洁。

综上所述,我们应当希望神得到他所应得的尊荣,人们总是要以最高的敬畏想到神或提到他。这与世人从一开始到如今普遍对神的亵渎刚好相反。我们因此需要这项提醒,虽然若人心仍存丝毫的敬虔,神就无须这样吩咐我们。但若将神的名从万名中分别出来而荣耀他,才是尊他的名为圣,那么神在这事项上不但吩咐我们求他使的圣名不被藐视和玷污,也吩咐我们求他使全人类顺从他、敬畏他的名。

既然神部分地借他的话语,部分地借他的作为向我们彰显他自己,除非我们在这两方面将他所应得的荣耀归给他,才算是尊他的名为圣,因此我们才是从心里接受他一切有关自己的启示。我们应当因神的严厉称赞他,就如因他的怜悯称赞他一样,因为神一切丰盛的作为都见证他的荣耀,这些作为也应当吸引万人称赞他。如此,我们才算承认圣经的权威,且没有任何事物能拦阻我们将神在他所统治的全宇宙中所应得的颂赞归给他。但这事项也有另一个目的:神吩咐我们除掉一切亵渎他圣名的玷污,也吩咐人不要再窃取他的荣耀和嘲笑他,且在神除掉一切对他名的亵渎之后,他的名才能越显为大。

42. 第二个祈求事项

第二个祈求事项是"愿你的国降临"(太6:10)。虽然这事项没有什么新的内容,神却有极好的理由将之与第一个事项区分开来,因为只要我们思想自己在最主要的事上迟钝，就能明白为何神强调我们本来就应该知道的是必需的。所以，当神吩咐我们求告他征服和毁坏使他圣名受玷污的一切之后，他加上另一个类似甚至一模一样的吩咐："愿你的国降临。"（太6：10）

我上面已对神的国下过定义，我现在仍要简洁地重复：人在哪里舍己，及轻看世界和世俗的生活，以向神承诺寻求他的义，为渴慕属天的生活，神就在那里统治人。由此看来，这国度有两个部分：首先，神借着圣灵的大能除去一切我们肉体用来攻击他的私欲；其次，神使我们一切的思想都归在他的统治之下。

因此，做此祷告的一个合适的次序是，祷告的人自己首先要洁净一切搅扰神国度平安及玷污这国度圣洁的污秽。既然神的道就如君王的令牌，他在此吩咐我们求告他使众人的心思意念自愿遵守他的道。神借圣灵隐秘的运行彰显他话语有效的大能，使他的话处在应得的荣耀地位。之后，我们也要讨论不敬虔的人，即那些悖逆和疯狂抵抗神权柄的人。神借着让世人谦卑来建立神的国度，却以不同的方式成全这工。他驯服放荡的人，使骄傲的人羞愧。我们应当天天求告神，从世界各地召聚自己的教会归向他，使他的教会向外扩展并在数量上增长；求神赏赐教会诸般的恩赐；在教会间建立合宜的次序；另一方面，也求神打败一切纯正教义和信仰的仇敌；求神使他们的阴谋和计划都落空。 由此可见，神吩咐我们要热切地祷告他的国度天天都在扩展并不是徒然的，因为对于人类而言，没有什么比罪恶的污秽被摒弃和除掉、正直全然兴盛更好的。但直到基督的再临，神的国才会完全来到。那时，就如保罗所教导，"神将在万物之上，为万物之主"（林前15：28）。

如此，这祷告应当使我们离弃一切世俗的败坏，因为这些败坏叫我们与神隔绝，以至于他的国度无法在我们心里兴盛。这祷告同时也应当激励我们治死自己的肉体，以及教导我们如何背十字架，因神喜悦这样扩展他的国度。我们不应当对肉体的毁坏感到失望，只要内心一天新似一天！（林后4：16）因这就是神国度的光景：当我们服在神的义之下时，他使我们在他的荣耀中有分。神已将自己的光明和真理逐渐照耀出来并成全这件事，因神借此使撒旦国度的黑暗和谎言变为虚无。同时神保守自己的选民，借他的圣灵引领他们成为正直的人，并加添力量使他们坚忍到底。但他却推翻仇敌邪恶的阴谋、破坏他们的诡计和企图、抵挡他们的恶毒、压制他们的悖逆，直到他至终用口中的气灭绝敌基督，并用降临的荣光废掉一切的不义（帖后2：8）。

43. 第三个祈求事项

第三个祈求事项是"愿你的旨意行在地上，如同行在天上"（太6：10）。虽然这事项完全依靠神的国，也与神的国密不可分，但因我们的无知，主却有极好的理由加上这事项。因我们不容易明白神在世上做王的含义如何。正确的解释是：当世人都顺服神的旨意时，神就统治全世界。

这事项指的不是神隐秘的旨意。神隐秘的旨意就是他用来掌管万有，使一切受造物成全他的美意。虽然撒旦和罪人猛烈地攻击神，他却以自己测不透的计划抵挡他们的攻击，甚至决定他们的行为，并借着他们完成他的预旨。

主在此指的是神的另一个旨意，即人自愿顺服的旨意；因此，神在此将天堂与今世做对照。因就如《诗篇》所说，天使自愿顺服神，并主动遵守他的命令（诗103：20）。因此神在这里吩咐我们应当希望世人除掉一切的傲慢和邪恶，就如天使一样完全遵守神的旨意，彼此和睦并圣洁地行事。

当我们求告这事项时，我们就在弃绝自己肉体的私欲，因人若非从心里顺服神的旨意，就是在极力抵挡他的旨意，因人心里所存的一切都是邪恶的。这事项也迫使我们舍己，使神随己意统治我们。不只要神统治我们，也要神为我们造清洁的心（参阅诗51：10），除去一切我们自己的渴望，使我们唯独渴望遵守神的旨意。综上所述，神要借此使我们唯独希望圣灵统治我们的心，且神借圣灵的教导使我们学习如何爱神所喜悦的，并恨他所厌恶的。因此我们也当希望神胜过我们一切敌对他旨意的心思、意念。

第一部分的结论

以上是主祷文前半部分的三个事项。当我们恳求这三个事项时，我们应当完全在乎神的荣耀，并同时不考虑自己的需求或利益，虽然我们这样求告神必定获益，然而神在此不允许我们求自己的益处。即使我们没有思考或求告神这样行，这一切也必定会照神所预定的时间发生，但神仍要我们希望，甚至求告他成全这些事。而且，我们如此祷告意义重大，因我们这样求告神，证明我们是神的仆人和儿女，也热切地尽我们所能将神所应得的尊荣归给他，这是我们欠自己的主和父神的债。因此，人若没有以这希望和热忱将荣耀归给神，求告神的名被尊为圣、神的国降临，且神将成就自己的旨意，就不应当被视为神的儿女和仆人；而且既然这一切在他们的求告之外也都将得应验，所以当神的国降临时，他们只会感到迷惑并至终灭亡。

最后三个祈求事项的解释（44—47）

44. 第四个祈求事项

以下是主祷文的后半部分，是关乎我们自己的事，但并不表示要忽略神的荣耀。保罗教导我们，连吃、喝都要为荣耀神而行（林前10：31），神也要我们只求我们所需要的。我以上已指出前半部分和后半部分的差别是：神吩咐我们专门为他自己的缘故求告前三个事项，并因此考验我们的敬虔。在后半部分，神允许我们求自己的益处，只是这样限制我们：我们不可为自己求任何不是同时荣耀神的事，因对我们最有益的事就是要为他活和为他死（罗14：7—9）。

我们在这事项上求告神赏赐我们身体所需要的一切物质（加4：3），不只是饮食和衣裳，也包括一切神视为对我们有益的，使我们天天平安地吃他赏赐我们的饮食。简言之，我们借这事项将自己交托给神，并依靠他的护理，好让神能喂养和保守我们。因我们慈悲的天父甚至掌管和保守我们的身体，好在这些事上操练我们的信心，并训练我们从神那里祈求所有的一切，包括每一片面包和每一杯水。既然我们这样或那样因自己的邪恶而愁苦，在乎身体的需要更胜过灵魂的。许多把自己的灵魂交托给神的人仍过多在乎自己身体的需要，担心吃什么、穿什么，且除非他们有足够的粮食，否则就挂虑、战兢，这就证明我们在乎那如影儿般转眼即逝的性命更胜过永生。那些因投靠神而彻底弃绝肉体上担忧的人，随即期待神赐给他更美之物，甚至救恩和永生。由此看来，盼望神赐给我们原来为之担心的需要，是对我们信心很大的操练，且我们若能脱去这与生俱来的不信，这将成为我们极大的益处。

有人猜测主在此指的是抽象的饮食（太6：11），我认为这不是经文的意思；事实上，我们在祷告中若没有承认神是这转眼即逝生命的滋养者，我们的祷告必定是不完全的（太6：11）。他们的理由是，这样做太世俗了：神的儿女们本该是属灵的人，自己却不仅在乎肉体的需要，而且把神也牵扯进去，这是极不妥当的。仿佛饮食不能证明神的祝福和父亲般的慈爱。如此，保罗所写的这句话就是徒然的："敬虔……有今生和来生的应许。"（提前4：8）

虽然赦罪比身体的滋养重要得多，然而基督将这事项摆在第一位，为了逐渐带领我们留意在乎属灵生活的最后两个事项，主这样是屈就我们的迟钝。主吩咐我们求神赏赐日用的饮食，好让我们满足于天父的分配，而拒绝采用非法的方式获得。同时，我们必须相信这一切是神自己的赏赐，因就如摩西所说，自己的力量和自己的手在神的祝福之外不能使我们获得什么（利26：20；参阅申8：17—18）。事实上，即使我们有丰富的饮食，除非神喜悦它们成为我们的滋养，否则它们对我们没有任何的益处。由此看来，富足的人和穷人一样需要神的慷慨，因为即使富足人的仓库都装满五谷，除非神出于自己的恩典喜悦他们享受这一切，否则他们仍是贫穷、饥饿的人。

主用"今日"和"日用的"这两个形容词约束我们对易逝物品毫不节制、没有限量的私欲，这些私欲也导致我们犯其他的罪。因为若神赐给我们超过我们日用的需要，我们就会虚荣地滥用在娱乐和外在的装饰上。所以主只吩咐我们求告神赏赐我们足以满足当天的需要，并要我们确信我们的天父既然今日滋养我们，明天也必不会忽略我们。如此，不管物品多丰盛地流向我们，即使我们的仓库装满五谷时，我们还是要求神赐给我们今日的饮食，因为我们应当深信，除非神倾倒给我们的祝福不断加添，否则这一切都是虚无。就连我们已拥有的事物都不算是我们的，除非神时时刻刻分给我们所需用的，并允许我们使用它们。既然对人的骄傲而言，没有比接受这事实更困难的，所以，神借在旷野中喂养他的百姓吗哪，使他们知道人活着不是单靠食物，乃是靠耶和华口里所出的一切话（申8：3；太4：4）时，就是在向每一个时代的人证明人天天对他的倚赖。神在这件事上证明人的生命和力量都由他的大能所保守，虽然他借着可见的方式赐给人。同样地，神也常借着负面的事情教导我们同样的功课，他随己意折断人的杖，使人吃也吃不饱（利26：26），喝也喝不足（参阅结4：16—17，14：13）。

然而，那些不满足日用饮食，反而极为放荡地照自己的私欲贪婪地索要物质的人，或耽于自己的富足的人，或因自己积攒的财富一无挂虑的人，若他们如此祷告，只不过是在嘲弄神。前者求神赐给他们日用的饮食，就是在求他们不愿意得的，甚至是他们所厌恶的，也是在神面前掩饰自己的贪心，虽然真诚的祷告是要将自己一切的心事（包括隐秘的事）在神面前说出来。后者则求神赐给他们自认为他们不需要的，即他们以为自己已经拥有的。

当主吩咐我们将之称为"我们的"，这就更显示出神的慷慨，因神使他完全不欠我们的成为我们的（参阅申8：18）。然而我们同时也当留意我以上说过的：这事项只在乎人借着正当的劳力和对别人毫无害处的工作所得到的，并不在乎人以欺哄或抢劫的方式所得来的，因我们借害人所得来的一切仍是属于别人的。

我们求神赐给我们这些，表示这一切是神白白的恩赐，不管神使我们借何种方式获得，包括我们用自己的技艺和劳力所得到的，或用自己的手做出来的。因为我们一切的劳力完全依靠神的祝福，才能使我们获益。

45. 第五个祈求事项

接下来是"免我们的债"（太6：12）。基督将我们一切属灵的需求都包括在后两个事项之下，因为神为了教会的救恩所立的属灵的约，唯独依靠这两个应许："我要将我的律法写在他们心上"，以及"我要赦免他们的一切罪"（耶31：33；参阅耶33：8）。然而，基督在此先指出赦罪，之后才加上第二种恩典：愿神以圣灵的大能保佑和帮助我们胜过一切的试探。

他之所以称罪为"债"，是因我们因自己的罪欠神的债，且除非神豁免我们，否则我们无法偿还。这赦免出于神白白的怜悯，且借这怜悯，神极为慷慨地赦免我们一切所欠的债。神不要求我们偿还我们所欠的债，反而借着他在基督里的怜悯，满足他自己律法的要求。基督从前一次舍自己做万人的赎价（参阅罗3：24），因此，那些相信自己或别人的功德能满足神和买赎神的赦免的人，与这白白的恩赐无分。且当他们如此求告神时，不过是在指控自己，甚至以自己的见证定自己的罪。因在这祷告中，他们承认自己是债务人，除非借着赦罪的福分被释放，但事实上他们并非如此相信，反而恨恶之，因他们将自己的功德和满足塞给神。他们如此行不是在恳求神的怜悯，而是在要求他的审判。

那些幻想自己的行为完全到无需神赦免的人，让他们在耳朵发痒、容易陷入异端的人中寻找门徒吧，只要他们晓得自己所吸引的门徒已经离弃了基督，因为基督既然教导众人认自己的罪，就表示他唯独接受罪人，并不是要我们以奉承助长自己的罪，而是教导我们：神虽然赦免我们，但只要我们的肉体尚未脱去，我们仍会犯罪，因此总是面临神的审判。我们应当希望自己能尽本分到完全的地步，并要努力甚至仔细地如此行，使自己能毫无瑕疵地来到神面前。然而，既然神喜悦逐渐恢复他在我们身上的形象，所以，他要我们如此祷告是必要的。既然基督根据父神赐给他的权柄，吩咐我们一生在祷告中求神赦免我们的罪，那么谁能容忍这些新派的神学家，诱惑单纯的人相信我们在今世能治死罪恶到完全的地步？然而根据使徒约翰说的，他们如此行等于是将神当作说谎的（约一1：10）！

　　这些可恶的人也以同样的方式想使神的盟约落空。他们企图将盟约所教导关于救恩的部分废掉。他们如此弃绝圣经的教导不但亵渎神，也是残忍地使许多悲惨的人落入绝望的旋涡中。事实上，他们是在自欺欺人，因为他们的教导至终会导致与神的怜悯相悖的懒惰。然而他们的异议，即当我们祈求神的国降临时，我们同时也当希望神除去我们一切的罪，这是非常肤浅的。因为神在这祷告的前半部为我们描述完全的光景，但在后半部却描述人的软弱。因此，两者奇妙地协调一致，毫无冲突，免得我们在努力达成这目标时，忽略自己所需要采用的方式。

"如同我们免了人的债"

　　最后，我们求告神"免我们的债，如同我们免了人的债"（太6：12），即我们当赦免那些在任何方面伤害我们的人，不管是在行为上不公正地对待我们或在言语上侮辱我们的人。这并不表示我们拥有赦罪的能力，因这唯独属于神！（参阅赛43：25）我们免了人的债是愿意从心里除去一切的愤怒、恨恶、报复人的欲望，完全不再记念别人对我们的亏欠。因这缘故，除非我们赦免一切曾经得罪我们之人的罪,否则我们没有根据求神赦免我们的罪。我们若在心里仍怀着对人的恨恶,或计划报复人或期待有机会伤害他们,或我们不想澄清仇敌对我们的误会、善良地对待他们,并设法与他们和好,我们就是在求神不要赦免我们的罪。因我们在这事项上求神待我们就如我们待他人一样(参阅太7∶12)。除非我们赦免别人,否则我们确实是在求神不要赦免我们。难道拒绝赦免别人的人不就是在这祷告上增加神对他们的愤怒吗?

最后,我们必须强调这条件——神"免我们的债,如同我们免了人的债"(太6∶12)——的意思,并不是因我们赦免别人,所以我们应得神的赦免,仿佛我们赦免别人是神赦免我们的起因。神至少在一方面有意借这句话安慰我们软弱的信心。神将这句话当作我们赦免别人就证明我们已得赦免的证据,只要我们已除去一切的恨恶、嫉妒和报复。且神也借此证明,那些习惯报复人,不愿赦免人,对人一直怀着敌意,要让别人承受自己祈求逃避的愤怒之人,他们不是他的儿女。神这样做是要禁止这种人称他为父。在《路加福音》中,基督也有力地表达同样的意思(路11∶4)。

46. 第六个祈求事项

就如我们以上说过,第六个祈求事项(太6∶13)与神应许将他的律法刻在我们心里有关(箴3∶3;林后3∶3)。既然信徒顺服神必须经过许多争战,所以信徒需要求神赐给他话语,装备他保护他,使他至终得胜。这也教导我们不但需要圣灵的恩典赏赐我们柔软的心,叫我们能顺服神,也需要他的帮助,使我们能有效抵挡撒旦一切的诡计,并胜过它一切暴力的攻击。撒旦的确有各式各样引诱我们的方式。在心里诱惑我们违反律法的邪恶思想,不管是出于自己的私欲，或直接来自魔鬼，都是一种试探。另外还有许多本身并不邪恶的事物，却因魔鬼的诡计成为对我们的试探，引诱我们远离神（雅1：2、14；参阅太4：1、3；帖前3：5）。这些试探或从右或从左攻击我们。从右来的试探是财富、权力、尊荣，这些试探因本身的光芒和表面的益处经常叫人眼花，并以奉承吸引人，使人至终沉醉于这虚空的甘甜而忘记神。从左来的试探是穷困、羞辱、被轻视、患难，等等。人被这些痛苦和艰难击败之后，就丧胆、失去确据和盼望，至终远离神。

我们借这祷告求神不要让我们屈服于这两种试探，不管是来自自己的私欲或来自魔鬼诡诈的攻击。我们求神以自己的膀臂保守和鼓励我们，好让我们因他的全能得以刚强，能站稳和抵挡我们恶劣仇敌一切的攻击，不管它以怎样的思想攻击我们。我们也求神让我们不管遭到何种攻击都能得益处，即在富足中避免自满自足，在患难中不至丧胆。

其实，我们在此并不是求神不容我们遭遇任何试探，因为我们有时也需要试探激励和刺激我们，免得我们因安逸而闲懒。大卫甚至希望受试探（参阅诗26：2），且神有极好的理由天天试验他的选民（创22：1；申8：2），以羞辱、穷困、患难和其他的难处管教他们。然而神的意思与撒旦的用意却截然不同。撒旦诱惑人是要毁坏、指控、使人迷惑，叫人丧胆。但神试验自己的儿女们是要考验他们的真诚，并因这样的训练使他们刚强，主要是为了治死、洁净和炼净他们的肉体，因他们的肉体若没有受这样的约束，将会变得极其放荡和骄傲。此外，撒旦攻击那些不穿戴军装、没有装备自己的人，使他们一不小心就完全被试探击败。神却为他们开一条出路，使他的百姓能忍耐他容许临到他们的试探（林前10：13；彼后2：9）。

不管我们对"凶恶"的解释是魔鬼还是罪都大同小异。的确，撒旦是企图夺去我们性命的仇敌（彼前5：8），而且，它以罪为武器攻击我们。我们在此的祈求是：求神不要容我们因任何的试探被击败，而是要靠神的大能在一切攻击我们的凶猛权势下站立得住。换言之，我们求神不容我们落在试探的权势下，使我们在他的保守下能胜过罪恶、死亡、阴间的权柄和魔鬼一切的权势；换言之，求他救我们脱离凶恶。

我们在此必须留意，我们没有力量与魔鬼那大壮士作战，或抵挡它的权势和攻击。我们若求神给我们自己已拥有的力量就是没有意义的或是嘲弄神。显然那些自信已装备好自己作战的人还不太明白他仇敌的权势和它的凶猛。我们求神救我们脱离撒旦的权势，就如脱离一只疯狂咆哮的狮子的口一样（彼前5：8）；若神没有救我们脱离死亡，我们必定被它的牙齿和爪子撕裂并吞吃。然而我们知道，若神帮助我们，并替我们作战，"我们依靠神才得施展大能"（诗60：12；参阅诗107：14）。让他人随意相信自己的才能和所谓的自由意志吧！然而就我们而论，唯独靠神自己的大能就够了。

然而这祷告比它表面的教导更深奥。因若神的灵是我们与撒旦作战的大能，那么除非我们因圣灵充满而胜过一切肉体的软弱，我们就永远无法得胜。所以，当我们求神救我们脱离撒旦和罪恶的权势时，我们期待神一直赏赐我们新的恩典，直到我们因充满这恩典至终胜过众罪恶。

对某些人而言，求神不叫我们遇见试探是不恰当的祈求，因为就如雅各告诉我们的，试探我们与神的属性相悖（雅1：13）。我们已经部分地回答过这问题，因我们以上说自己的私欲是一切击败我们之试探的起因（雅1：14），因此是应当责怪的。雅各的意思是，我们若将自己的罪归咎于神，是毫无意义和邪恶的。我们反而必须因这些罪责怪自己，因深知一切的罪都是出于自己。然而，神有时仍出于他的美意将我们交给撒旦，任凭我们存邪僻的心，放纵情欲，以他公正却隐秘的意志叫我们遇见试探。人经常不明白神这样做的目的。由此可见，这祷告是恰当的，因神经常借试探弄瞎被遗弃之人的心眼和使他们的心刚硬，充分证明他报应罪恶。

47. 结论

我们在这三个祈求事项上专门将自己和所有的财产交托给神，这些事项也证明我们以上的教导：公祷是众信徒的本分，且他们在公祷上应当在乎教会的造就和信徒交通的长进。因为各信徒并不只求神赐福他个人，乃是我们众人一同求神赏赐我们日用的饮食、罪得赦免、不遇见试探和救我们脱离凶恶。

此外，主也说明我们为何应当坦然无惧地祈求，并确信神将赐给我们这些。他说："因为国度、权柄、荣耀，全是你的。"（太6：13）他在此加上这句话是非常妥当的，甚至是不可省略的，虽然拉丁文译本省略这句话。这是我们信心坚定的根基和我们的大安慰，因若祷告蒙垂听是靠我们自己的价值，那谁敢在神面前开口呢？但不管我们是多么可悲、无用、不值得称赞的人，我们总是有向神祷告的根据，也无人能夺去我们的确据，因为谁都无法夺去神的国度、权柄和荣耀。

主最后加上"阿们"（太6：13），这词表示我们热切地想获得我们向神所求的一切。这词也使我们更确信神已经成全这一切，且必定赐给我们这一切，因为是那位不能说谎之神所应许我们的。这也与我们以上引用过的祷告形式完全一致："我们在你面前恳求，原不是因自己的义，乃……为你自己。"（参阅但9：18—19）圣徒这样说不但表示他们祷告的目的，也表示除非垂听的理由在神自己，且圣徒的祷告将蒙应允的确据完全建立在神的属性上，否则他们的祷告完全不配蒙垂听。

最后的思考：主祷文的充足性，以及用代用语的自由（48—49）

48. 主祷文是圣徒必须遵守的准则

我们一切能够求神以及应当求神给我们的，都包括在这祷告的形式和准则之内。这祷告也是父神所差派为老师的主基督亲自赐给我们的准则，且神喜悦我们唯独听从他（太17：5）。因基督既是神永远的智慧（赛11：2），又因成为人，而是那位赐给我们奇妙谋略之神的使者（赛9：6，与28：29合并；耶32：19）。

而且这祷告在各方面都是完全的，甚至我们若想再添加什么，就是不敬虔也是不配蒙悦纳的。因在这大纲上，神告诉我们何为与他的属性相称、他所喜悦及我们需要求告他的一切。总之，神告诉我们他喜悦赐给我们的事。

因此，那些擅敢在这范围之外祈求的人：首先，他想将自己的思想添加在神的智慧之上，这简直是狂傲的亵渎；其次，他拒绝约束自己在神的旨意之内，反而藐视神的旨意，并因自己毫不节制的私欲更远离神；最后，他永不可能从神那里得什么，因他们的祷告不是出于信心。这样的祷告的确不是出于信心，因为它没有神真道的根据，就是信心唯一的根据。然而，那些忽略主的准则，并在祷告中放纵自己私欲的人，不但没有神的道这祷告唯一的根据，反而竭力攻击这道。因此，德尔图良真实和贴切地称这祷告为"合乎律法的祷告"①，这暗示其他的祷告都在神的律法之外，因此都为神所

---

① Tertullian, *On Flight in Persecution* 2.5（CCL Tertullian Ⅱ.1138; tr. ANCL Ⅺ.359）.

禁止。

49. 我们不是被主祷文的用词约束，而是被它的内容约束

我们并不是教导主约束我们照本宣科地用这祷告。因为圣经也记载许多与此用词不同的祷告，却是出自同一位圣灵的感动，效法这些祷告对我们有极大的益处。同一位圣灵在圣经上给我们许多在用词上截然不同的祷告，所以，我们的教导是：没有任何人有权利祈求、期待，或要求神给他任何在这祷告范围之外的事物，即使用词不同，但内容却一定要相同。由此看来，所有圣经上的祷告，以及一切敬虔之人的祷告与这祷告的内容是完全一致的。的确，没有任何其他的祷告能与这祷告相比，更不用说超越它。这祷告包括我们赞美神所需要的一切，也包括人自己所需要的一切。事实上，这祷告已臻完全，期待比这更完美的祷告是不可能的。综上所述，我们应当牢记这祷告是出于神自己的智慧。神照自己的旨意教导我们，而我们的需要与他的旨意是一致的。

特殊时刻的祷告和如何在祷告中坚忍到底（50—52）

50. 祷告要有固定的时间

我们虽然在上面说过，信徒应当一直仰望神，而且不住地祷告，但因我们的软弱，我们在祷告中需要各式各样的帮助；我们也非常迟钝，常常需要被刺激，所以，我们每一个人都需要固定祷告的时间。我们不可在这些时刻忽略祷告，且每当祷告时当全心全意地向神祈求。这些时刻是：早上起床时、开始工作前、吃

饭和睡觉之前。

然而我们也当谨慎，免得这成为某种迷信的习惯，并因此以为我们既然按时祷告，在其他的时候就能忙自己的事。我们反而应当将之视为我们时刻需要克服自己的软弱。我们应当留意：每当自己或别人遭受患难时，立刻就仰望神，而不是跑去某一个地方，反而当从心里热切地求告神。我们也应当谨慎，免得认为自己或别人的富足是理所当然的，因此忽略以赞美和感谢来承认是神自己的祝福。

最后，在我们一切的祷告中，我们应当留意，我们的意图并不是在任何情况下强迫神做什么，或约束他在什么时间之内应允我们，或坚持神用怎样的方式垂听我们。如此，主在这祷告中教导我们不可给神设定任何垂听祷告的准则，或强加给他任何的条件，而是要把决定完全交托给神，让神随意以自己的方法、自己的时间和他所选择的地点垂听我们。所以，主教导我们在求自己的任何益处之前，应当先求神成全他自己的美意（太6：10）。我们这样祷告是将自己的期望伏在神的旨意之下，并约束自己，免得任意妄为地想要控制神，我们应承认神决定我们一切的祈求并照他自己的旨意应允。

51. 在祷告中坚忍到底

我们若在祷告中决定顺服神自己的旨意，并将自己伏在神的护理之下，我们就能学习如何在祷告中坚忍到底，将自己一切的渴望交托给神，耐心地等候他。这样我们就能确信，虽然我们看不见神，但他总是与我们同在，且神将照自己的时间使我们知道他总是垂听我们认为他已忽略的祷告，这将成为我们永久的安慰。神若没有对我们第一次的祈求有所反应，我们也不至丧胆或感到绝望，但有些人习惯因自己急躁的心不耐烦地求告神。神若没有在他们第一次求告时应允他们，他们就以为神对他们不高兴，甚至与他们敌对，后来因绝望就不再求告神。我们反而应当冷静地等候神，并根据圣经的吩咐在祷告中坚忍到底。《诗篇》经常启示大卫和其他的信徒在祷告中几乎耗尽心力，他们就如向空气打拳，似乎是向一位耳聋的神祈祷，却仍不住地祷告（诗22：2）。因除非我们在祷告中的信心超过我们所遭受的一切景况，否则我们就是不承认神话语的权柄。

此外，我们也不要试探神并因自己堕落的行为激怒他。一些要求神在某种条件下垂听他们的人就是如此，仿佛神是他们私欲的奴仆。神若没有立刻听他们的，就惹他们生气。他们与神争辩、抗议、抱怨，甚至向神发怒。神有时在他的愤怒中应允他们，就如他有时出于自己的怜悯拒绝他所喜悦的人那般。以色列人就是充分的证据，与其吃肉而承受神的愤怒，不如神不垂听他们的祷告（民11：18、33）。

52. 未蒙垂听的祷告

即使过了很长久的时间，我们的感官仍感受不到神应允我们的祷告，然而我们的信心仍会确信肉体所无法感受到的，即神已赐给我们一切所需的。因神经常和真实地应许在患难中照顾我们，只要我们当时求告他。他使我们在贫困中富足，并在患难中得安慰，因我们即使在万事上失败，神却永不离弃我们，因他绝不会使他百姓的盼望和忍耐至终落空。到时他自己将取代一切，因为一切的福分都居住在他里面，并将在审判之日，在他彰显自己的国度时，向我们清楚启示。

此外，即使神应允我们的祷告，他也不一定完全照我们的意思给我们。他有时容我们继续等候，却以某种奇妙的方式让我们确信自己的祷告不是徒然的。这就是使徒约翰所说的："既然知道他听我们一切所求的，就知道我们所求于他的，无不得着。"（约一5∶15）这听起来是啰唆的，但这经文却对我们特别有帮助，因为它告诉我们，即使神没有照我们的意思应允我们，他仍然垂听并喜悦我们的祈求，如此，神总不叫倚靠他话语的人失望。然而，信徒总是需要耐心的支持，因若没有耐心，他们过不久必定跌倒，因神经常以严厉、各种不同的试炼操练我们。他常常容我们在泥淖里打滚很长一段时间，才让我们尝他祝福的美味。就如哈拿所说："耶和华使人死，也使人活；使人下阴间，也使人往上升。"（撒上2∶6）信徒除非在受难、被轻视，甚至奄奄一息时，想到神看顾他们，并将救他们脱离一切的苦难，否则就会丧胆，甚至完全绝望。然而，不管他们有多确信自己的盼望，他们仍然不住地祷告，因除非我们在祷告中坚忍，否则我们的祷告是徒然的。

后　记

　　本书的主要部分选自《基督教要义》第三卷第六至第十章的内容。这个部分在历史上常被称为"金书"，因其语言及内容的独特之处，而常被从《基督教要义》中单独抽出来，作为单行本出版。从行文来看，加尔文在这一部分极少运用其他章节中常见的与论敌进行论战的写作风格，而是用平和甚至从内心流露出的极具感染力的语言来论述这个部分的主题。从内容上看，他在这个部分非常清楚地阐述了基督徒生活的基本特征，谈论到人们常常关心的信仰生活与世俗生活的基本关系问题。因为这些特点，对于没有时间读完三卷本《基督教要义》的读者来说，读这个单行本也能够对加尔文在论基督徒生活方面所表达的思想有一个基本的了解。

　　本书使用的仍然是三联书店2010年出版的《基督教要义》的中文译本。为了使读者阅读起来更为流畅，不受英译本编者所加众多注释的干扰，更好地体会加尔文在这个部分的论述中其文字上的感染力，我们把英译本编者所加的大多数注释去掉了，仅保留了那些在正文中标明其直接引文出处所做的脚注。如果读者出于研究目的想要查看这些注释，可以参考《基督教要义》中相同章节的内容。其次，我们删去了加尔文以论战的方式与当时的一些对手争辩的内容，因为所争辩的主要观点已经在之前的文中有所论述，而这些删节并不影响对整体的行文和内容的理解。最后，为了使本书的章节看上去更具有连续性，我们重排了章的序号，并重新命名了每章的标题；但用脚注标明了它们原来在《基督教要义》中每章的序号及标题。

在选编过程中，编者又对照 F. L. 巴特尔斯（F. L. Battles）的英译本对中文译本的某些段落稍加修订，以使译本读起来更流畅，也更易理解。限于编者的水平，难免有不尽如人意的地方，请读者多给予指正和批评。

编者谨识

2011 年 7 月 5 日